복음의 진수
하나님의 義

복음의 진수 하나님의 義

· 초판 1쇄 발행 2009년 11월 16일

· 지은이 김건환
· 펴낸이 민상기 · 편집장 이숙희 · 펴낸곳 도서출판 드림북
· 등록번호 제 65 호 · 등록일자 2002. 11. 25.
· 경기도 의정부시 가능1동 639-2(1층) · Tel (031)829-7722, Fax(031)829-7723

· 책번호 41   · ISBN 978-89-92143-31- 03230
· 잘못된 책은 교환해 드립니다.
· 이 출판물은 저작권법에 의해 보호를 받는 저작물이므로 무단 복제할 수 없습니다.
· 독자의 의견을 기다립니다.
· www.dreambook21.co.kr

도서출판 드림북은 오직 하나님께 드리는 책
또한 세상의 모든 그리스도인들에게 꿈을 줄 수 있는 책
그러한 책세상을 꿈꾸며 만들어 가겠습니다.

복음의 진수
하나님의 義

김건환

드림북

가장 중요한 메시지

복음은 예수 그리스도의 죽음과 부활입니다. 그리고 그 복음의 진수는 하나님의 의입니다. 하나님의 의는 사람이 죄책감이나 열등감이 없이 하나님 앞에 담대히 설 수 있는 능력이며, 아무런 두려움이 없이 원수인 사탄을 대할 수 있게 하는 것입니다.

왜, 예수 그리스도의 죽음과 부활이 복음입니까?
예수 그리스도의 죽음과 부활은 인간의 죄와 고통과 죽음의 문제를 단번에 해결하였기 때문입니다.

인류는 아담 이후 영적 죽음의 상태로 태어납니다. 영적 죽음의 결과는 죄책감과 열등감과 불안감과 두려움 입니다. 아무리 권력이 있고, 돈이 많고, 많이 배워도 행복하지가 않습니다. 아무리 힘쓰고, 애쓰고, 몸부림쳐도 해결되지 않습니다.

그런데, 예수 그리스도의 죽음과 부활이 이 문제를 해결하였습니다. 피와 말씀과 성령으로 하나님의 의가 그리스도인의 의가 되었습니다. 하나님이 나에게 선물로 주셨습니다. 깨닫고 받아들이기만 하면 내 것이 됩니다. 하나님이 주신 엄청난 부요를 소유하게 됩니다. "진리를 알지니 진리가 너희를 자유케 하리라(요 8:32)"는 말씀처럼 자유하며 능력 있는 그리스도인의 삶을 살게 됩니다. 하나님의 의는 교회에 주신 가장 중요한 메시지입니다. 그런데, 문제는 많은 그리스도인들이 이 사실을 깨닫지 못하고 있다는 점입니다.

필자는 본서에서 이 문제를 다루었습니다. 만약 독자들이 진지한 마음으로 이 책을 읽어 나간다면 복음의 부요, 진리 안에서의 자유, 세상 앞에 담대함, 최고의 영적 보물을 발견할 것입니다.

월강 김건환

차 례

01 | 창세기 3장 7절
죄의식과 하나님의 처방

영국의 극작가 셰익스피어는 극중 인물 맥베드의 입을 통하여 "오! 아라비아의 모든 향수로도 이 피 묻은 손을 깨끗하게 할 수 없구나" 라며 인간의 죄의식에 대한 고통을 표현했습니다. 또한 사도 바울은 로마 교회에 보내는 편지 가운데서 "오호라 나는 곤고한 사람이로다 이 사망의 몸에서 누가 나를 건져 내랴"고 탄식했습니다. 죄의식은 모든 종교의 어머니라는 말이 있습니다. 인류는 죄의식의 문제를 해결하기 위하여 끊임없이 애써 왔고 지금도 이 싸움은 계속되고 있습니다.

죄의식에 대한 하나님의 해결책은 무엇입니까?

하나님은 에덴동산을 만드신 후 아담과 하와를 거기에 두시고 하나님이 지으신 모든 것을 맡기셨습니다. 그리고 하나님의 축복을 누리며 사탄의 공격으로부터 하나님의 축복을 지킬 수 있는 계명을 주셨습니다.

> 여호와 하나님이 그 사람에게 명하여 가라사대 동산 각종 나무
> 의 실과는 네가 임의로 먹되 선악을 알게 하는 나무의 실과는 먹
> 지 말라 네가 먹는 날에는 정녕 죽으리라 하시니라(창 2:16-17)

그러나 아담과 하와는 사탄의 유혹에 넘어가 하나님을 거역하고 배반하고 불순종하였습니다. 선악을 알게 하는 나무의 열매를 먹은 순간 죄가 들어왔습니다. 영적 죽음이 찾아와 죄의식을 낳았고, 인간이 하나님 앞에 나아갈 수 없도록 만들었습니다. 그래서 구약시대 때는 대제사장은 일 년에 한 차례씩 짐승의 피로써 속죄 제사를 드린 후에 지성소에 들어갔습니다. 하나님을 경배하기 위하여 지성소에 들어가는 것이 아니라, 영적으로 죽은 이스라엘 백성들을 구속하기 위하여 지성소에 들어갔습니다.

죄의식은 모든 영적 실패의 원인입니다.

죄의식은 믿음을 파괴하고 영적 주도권을 잡지 못하게 하며, 열등

감을 낳습니다. 하나님을 두려워하고 자신을 두렵게 만듭니다. 자신을 위하여 기도해 줄 사람을 찾습니다. 하나님 앞에 설 수 있는 담대함이 사라집니다.

사람들은 '만약 죄의식을 해결할 수 있다면 내가 치료받을 수 있을 텐데… 하나님의 능력을 얻을 수 있을 텐데… 기도응답을 받을 수 있을 텐데…' 라고 말합니다.

죄의식은 마음의 평화를 빼앗아가며 기도를 무력화시킵니다. 하나님과의 교제를 빼앗아갑니다. 사람들은 이 문제를 해결하기 위하여 많은 노력을 해왔지만 해결의 방법을 찾지 못하였습니다.

죄를 회개하고 슬퍼하며, 기도하면서 고뇌합니다. 마음을 가라앉히고 침묵기도를 드립니다. 고행을 하고 많은 헌금도 드립니다. 소리 내어 기도하며 죄를 고백합니다. 선을 행하며 세상에서 즐기던 것들을 포기하고 악습과 싸웁니다. 자기부인을 위한 피나는 훈련을 합니다. 육체를 학대함으로 자학을 하기도 합니다. 머나먼 순례의 길을 가기도 합니다. 그러나 이 모든 노력에도 불구하고 해결의 방법을 찾지 못하였습니다. 사람들은 서로가 자신들의 죄를 고백하며 죄의식을 해결하기 위해 새로운 시도를 해보지만 이 역시 잠시 해방감을 줄 뿐 여전히 마찬가지였습니다.

죄의식에는 두 종류가 있습니다.

하나는 거듭나지 못한 자연인의 죄의식이요, 또 다른 하나는 그리스도인의 권리와 특권을 제대로 알지 못하고 성장하지 못한 그리스도인의 죄의식이 있습니다. 자연인은 죄인인 이상 죄 자체입니다. 성경은 자연인을 '본질상 진노의 자식이다'라고 말합니다. 마귀의 자식이라고 말합니다.

> 너희는 믿지 않는 자와 멍에를 같이 하지 말라 의와 불법이 어찌 함께 하며 빛과 어두움이 어찌 사귀며 그리스도와 벨리알이 어찌 조화되며 믿는 자와 믿지 않는 자가 어찌 상관하며 하나님의 성전과 우상이 어찌 일치가 되리요(고후 6:14-16)

이처럼 자연인은 불법이요, 벨리알이요, 우상 자체입니다. 자연인은 영적으로 죽은 사람들로 사탄과 연합되어 있습니다. 자연인은 사탄의 본성을 가지고 있는 사람들입니다. 그렇기 때문에 죄와 영적 죽음과 죄의식에서 결코 벗어날 수 없습니다. 이 문제에 대한 해결책은 무엇입니까? 하나님은 죄의 문제를 어떻게 해결하셨습니까? 하나님이 사람들 속에 있는 사탄의 본성을 어떻게 처리하셨습니까?

독생자 예수 그리스도를 보내어 주심으로 우리를 대신하여 죄가 되셨습니다.

> 하나님이 죄를 알지도 못하신 자로 우리를 대신하여 죄를 삼으신 것은 우리로 하여금 저의 안에서 하나님의 의가 되게 하려 하심이니라(고후 5:21)

죄는 사탄의 속성이요, 본질이요, 성품입니다. '예수님이 우리를 대신하여 죄가 되셨다'는 말씀은 예수님께서 '마귀 아닌 마귀처럼 되셨다'는 뜻입니다.

민수기 21장에서 이스라엘 백성들이 에돔 땅을 우회하여 행진할 때, 길이 너무 험하고 힘들다며 하나님과 모세를 향하여 원망하고 불평하였습니다. 그러자 사방에서 불뱀이 나와 백성들을 물기 시작하였습니다. 모세가 하나님께 부르짖자 하나님이 모세에게 명하셨습니다. 모세는 하나님의 지시대로 놋뱀을 만들어 장대 위에 달았습니다. 사람들은 놋뱀을 쳐다보는 순간 치료를 받았습니다. 장대 위에 달린 놋뱀은 사탄을 상징하고, 동시에 인류를 대신하여 죄가 되신 예수 그리스도를 나타내고 있습니다. 예수님은 인류의 죄 문제를 해결하기 위하여 친히 죄가 되셨습니다.

우리를 대신하여 심판을 받으셨습니다.

죄의 삯은 사망입니다. 피흘림이 없은즉 죄사함도 없습니다. 한번 나서 죽는 것은 사람에게 정하신 것이고 그후에는 심판이 있습니다. 예수님은 마치 삼손이 블레셋 사람들에게 사로 잡혀서 두 눈을 뽑히고, 짐승이 돌리는 맷돌을 돌리며, 블레셋 사람들 앞에서 광대 노릇을 한 것과 같이, 음부에 내려가셔서 사흘 낮과 밤을 우리를 대신하여 사망의 고통을 받으셨습니다. 일찍이 시편 기자는 예수님이 음부에 내려가셔서 받으실 고난을 이렇게 증거하고 있습니다.

대저 나의 영혼에 곤란이 가득하며 나의 생명은 음부에 가까웠사오니(시 88:3)

주께서 나를 깊은 웅덩이 어두운 곳 음침한 데 두셨사오며 주의 노가 나를 심히 누르시고 주의 모든 파도로 나를 괴롭게 하셨나이다(셀라)(시 88:6-7)

우리를 대신하여 영으로 의롭다 하심을 얻었습니다.

크도다 경건의 비밀이여, 그렇지 않다 하는 이 없도다 그는 육신으로 나타난 바 되시고 영으로 의롭다 하심을 입으시고 천사들에게 보이시고 만국에서 전파되시고 세상에서 믿은 바 되시고 영광 가운데서 올리우셨음이니라(딤전 3:16)

"영으로 의롭다 하심을 입으시고"라는 말씀은 죄로 말미암아 단절된 그리스도의 영혼이 원래의 위치대로 회복되었다는 뜻입니다. 예수님이 영으로 의롭다 하심을 받은 순간 우리들도 예수 그리스도 안에서 영으로 의롭다 함을 얻었습니다.

우리를 대신하여 사망 권세를 이기시고 부활 승천하셔서 우리를 구속하셨습니다.

정사와 권세를 벗어 버려 밝히 드러내시고 십자가로 승리하셨느니라(골 2:15)

또 함께 일으키사 그리스도 예수 안에서 함께 하늘에 앉히시니(엡 2:6)

하나님은 우리가 예수 그리스도를 주님으로 고백하고 나의 죄를 대신하여 죽으시고 삼일 만에 부활하신 것을 믿으면, 죄를 용서해 주십니다. 죄를 없이 하여 깨끗하게 하십니다. 영생을 선물로 주심으로 하나님의 자녀가 되게 하십니다. 하나님의 의가 되게 하십니다. 하나님과 더불어 영원한 연합의 관계에 들어가게 하십니다. 마귀와 죄와 죄의식으로부터 자유를 얻게 하시고 이기는 자가 되게 하십니다. 이것이 바로 죄와 죄의식에 대한 하나님의 처방이요, 하나님의 해결책입니다.

호적에서 붉은 줄을 지워 버리듯이, 죄를 없이 하고 모든 죄의식에서 해방을 받고 싶지 않습니까? 예수 그리스도를 나의 주님, 나의 하나님으로 영접 하십시오. 그리고 하나님이 지적하시는 죄들을 자백하십시오. 예수님의 피를 받아들여 보혈이 마음에 흐르도록 하십시오.

죄의 문제가 해결되고 죄의식에서 해방될 것입니다.

만일 우리가 우리 죄를 자백하면 저는 미쁘시고 의로우사 우리 죄를 사하시며 모든 불의에서 우리를 깨끗케 하실 것이요(요일 1:9)

02 | 고린도후서 5장 21절
어떻게 의롭게 하시는가?

그리스도인은 하나님의 의가 되었습니다. 하나님의 의는 하나님 앞에 죄책감이나 열등감 없이 담대히 설 수 있는 능력, 그리고 사탄 앞에서 전혀 두려움이 없는 상태입니다. 하나님은 우리를 어떻게 의롭게 만드셨습니까?

우리를 대신하여 죄가 되셨습니다.

> 너희는 너희 아비 마귀에게서 났으니 너희 아비의 욕심을 너희도 행하고자 하느니라(요 8:44)

인간은 죄인인 이상 죄 자체요, 불의를 행하는 자인 이상 불의 자체입니다.

예수님은 우리를 대신하여 속죄 제물이 되심으로 죄가 되셨고, 불의를 짊어지심으로 불의 자체가 되셨습니다.

화초에 맑은 물 대신 새까만 잉크를 부으면 어떻게 되겠습니까? 잠시 후 화초는 온통 새까맣게 되어버리고 맙니다. 이처럼 예수님은 우리를 대신하여 죄가 되셨습니다. 죄는 사탄의 속성이요, 본질이요, 성품입니다.

> 하나님의 눈에는 달이라도 명랑치 못하고 별도 깨끗지 못하거든 하물며 벌레인 사람, 구더기인 인생이랴(욥 25:5-6)

욥은 인간을 벌레와 구더기로 비유하고 있습니다. 다윗도 자신을 벌레라고 고백하고 있습니다.

> 나는 벌레요 사람이 아니라 사람의 훼방거리요 백성의 조롱거리니이다(시 22:6)

벌레와 구더기는 사탄을 상징하는 명칭입니다. 주님은 벌레와 같은 인간을 대신하여 죄가 되셨습니다.

우리를 대신하여 죄의 대가를 지불하셨습니다.

죄의 대가는 율법의 저주입니다. 예수님은 우리를 대신하여 죄를 담당하셨습니다. 죄는 인간의 가난과 질병이며 모든 슬픔과 고통을 포함합니다. 신명기 28장 15절에서 68절까지 열거되어 있는 모든 저주를 의미합니다.

> 그리스도께서 우리를 위하여 저주를 받은 바 되사 율법의 저주에서 우리를 속량하셨으니 기록된 바 나무에 달린 자마다 저주 아래 있는 자라 하였음이라(갈 3:13)

예수님이 저주를 받으신 이유가 무엇입니까? 그것은 우리를 축복하시기 위함입니다.

죄의 대가는 죽음입니다.

> 죄의 삯은 사망이요(롬 6:23)

한 번 죽는 것은 사람에게 정하신 것이요(히 9:27)

예수님은 우리를 대신하여 십자가에서 못 박혀 피 흘려 죽으셨습니다.

우리가 아직 죄인 되었을 때에 그리스도께서 우리를 위하여 죽으심으로 하나님께서 우리에게 대한 자기의 사랑을 확증하셨느니라(롬 5:8)

예수님의 십자가 죽으심의 이유가 무엇입니까? 그것은 우리를 영원히 살리시기 위함입니다.

죄의 대가는 심판과 멸망입니다.

한 번 죽는 것은 사람에게 정하신 것이요 그 후에는 심판이 있으리니(히 9:27)

또 왼편에 있는 자들에게 이르시되 저주를 받은 자들아 나를 떠나 마귀와 그 사자들을 위하여 예비된 영영한 불에 들어가라(마 25:41)

예수님께서는 십자가에서 죽으시고 심판을 받으심으로 음부에 내려가서서 사흘 낮과 밤 동안 사망의 고통을 받으셨습니다. 예수님께서 사망의 고통을 받으신 이유가 무엇입니까? 그것은 우리를 해방하시고 영원히 구원하시기 위함입니다.

우리를 대신하여 영으로 의롭다 하심을 입으셨습니다.

크도다 경건의 비밀이여, 그렇지 않다 하는 이 없도다 그는 육신으로 나타난 바 되시고 영으로 의롭다 하심을 입으시고 천사들에게 보이시고 만국에서 전파되시고 세상에서 믿은 바 되시고 영광 가운데서 올리우셨음이니라(딤전 3:16)

어떤 사람이 죄를 지어서 사형선고를 받아 사형을 당했다면 더 이상 죄를 물을 수 없을 것입니다.

'영으로 의롭다 하심을 입었다'는 뜻은 예수님이 우리를 대신하여 죄가 되시고 저주받으시고 죽으시고 피 흘리시고 심판을 받으시고 음부에 내려가서서 사흘 낮과 밤 동안 사망의 고통을 받으심으로 하나님의 공의를 만족시켰고, 그 결과 하나님과의 관계가 회복되었다는 뜻입니다.

이처럼 예수님은 우리를 대신하여 죄의 대가를 지불하심으로 하나님의 공의를 만족시키셨고, 하나님의 공의가 만족되는 순간 본래의 위치를 회복하셨습니다.

이것을 '영으로는 살리심을 받았다' 고 말합니다.

예수님은 십자가에서 운명하실 때, "엘리 엘리 라마 사박다니, 나의 하나님이여, 나의 하나님이여, 어찌하여 나를 버리셨나이까?" 라고 절규하셨습니다.

이 절규가 무엇을 의미합니까? 우리를 대신하여 죄가 되심으로 영적 죽음이 찾아왔습니다. 죄로 말미암아 하나님과 사람 사이의 관계가 단절되었던 것처럼 아버지와 아들의 관계가 끊어졌습니다.

> 그리스도께서도 한 번 죄를 위하여 죽으사 의인으로서 불의한 자를 대신하셨으니 이는 우리를 하나님 앞으로 인도하려 하심이라 육체로는 죽임을 당하시고 영으로는 살리심을 받으셨으니 (벧전 3:18)

예수님은 음부에 내려가셔서 사흘 낮과 밤동안 사망의 고통을 받으심으로 하나님의 공의를 만족시키셨고, 그 순간 영으로 살리심을 받았습니다. 의롭다 하심을 입었습니다. 예수님이 영으로 살리심을 받았을 때, 우리도 예수 그리스도 안에서 함께 살리신 바 되었습니다. 예수님이 의롭다 하심을 입었을 때, 우리도 예수 그리스도 안에서 하나님의 의가 되었습니다.

우리를 대신하여 마귀를 정복하셨습니다.

예수님은 영으로 살리심을 받은 순간 사탄을 정복하셨습니다.

> 정사와 권세를 벗어 버려 밝히 드러내시고 십자가로 승리하셨느니라(골 2:15)

> 사망으로 말미암아 사망의 세력을 잡은 자 곧 마귀를 없이 하시며(히 2:14)

구약성경 사무엘상 5장에 의하면 이스라엘은 엘리 대제사장 때 하나님의 법궤를 블레셋 사람들에게 빼앗겼습니다. 블레셋 사람들이 하나님의 법궤를 가져다가 그들이 섬기던 다곤 신당에다 놓아 두었습니다. 이튿날 그곳에 가 보았더니 다곤 신상이 법궤 앞에 엎드려져 그 얼굴이 땅에 닿아 있었습니다. 그들이 신상을 다시 세워서 제자리에 가져다 두었습니다. 그런데 다음날 가 보았더니 또다시 신상이 엎드러져 그 얼굴이 땅에 닿았고, 머리와 손목이 부러진 채 몸뚱이만 남아 있었습니다. 그리고 하나님이 독한 종기의 재앙으로 아스롯과 그 지역을 쳐서 망하게 하시니 그들이 더 이상 견디지 못하고 법궤를 이스라엘로 돌려 보냈습니다.

이처럼 예수님은 인류를 대신하여 음부에 내려가서서 사탄을 정복하시고 사망권세를 이기시고 3일 만에 부활하셨습니다.

> 내가 너로 여자와 원수가 되게 하고 너의 후손도 여자의 후손과 원수가 되게 하리니 여자의 후손은 네 머리를 상하게 할 것이요 너는 그의 발꿈치를 상하게 할 것이니라 하시고(창 3:15)

여자의 후손은 예수 그리스도를 말합니다. '여자의 후손이 네 머리를 상하게 할 것이니라'고 하셨는데, '머리를 상하게 한다'는 말은 예수님께서 사탄의 권세와 통치 능력을 깨뜨리셨다는 뜻입니다. 예수님이 마귀를 정복하신 이유가 무엇입니까? 그것은 우리로 하여금 그리스도 예수 안에서 마귀를 이긴 자, 승리하는 자로 만드시기 위함입니다.

인류를 구속하시고 죄를 없이 하셨습니다.

구약시대 이스라엘 백성들은 1년에 한 차례씩 백성들의 죄를 속하는 속죄제사를 드렸습니다. 대제사장은 짐승의 피를 들고 지성소에 들어가 자신과 백성들의 죄를 속하고, 그 피를 우슬초에 찍어 백성들에게 뿌림으로 속죄제사를 드렸습니다.

이처럼 예수님이 인류의 죄를 구속하시고, 모든 죄를 없이 하여 주셨습니다.

> 염소와 송아지의 피로 아니하고 오직 자기 피로 영원한 속죄를
> 이루사 단번에 성소에 들어가셨느니라(히 9:12)

구약시대 짐승의 피를 드리는 속죄제사는 죄를 없이 하지 못하였습니다. 구약의 속죄제사는 예수님이 오실 때까지 백성들의 죄를 덮어두는 역할을 하였습니다. 때가 되어 예수님이 오셔서 인류의 죄를 구속하시고 죄를 완전히 없이 하셨습니다. 그러므로 그리스도의 보혈은 죄를 용서할 뿐 아니라 죄를 깨끗하게 하고 죄를 없이 하는 능력이 있습니다.

제사장마다 매일 서서 섬기며 자주 같은 제사를 드리되 이 제사는 언제든지 죄를 없게 하지 못하거니와 오직 그리스도는 죄를 위하여 한 영원한 제사를 드리시고 하나님 우편에 앉으사(히 10:11-12)

이처럼 예수님은 우리들의 죄를 구속하시고 죄를 없이 하셨습니다.

예수님을 믿는 자에게 영생을 선물로 주시고 하나님의 의가 되게 하셨습니다.

'믿는다' 는 말은 '영접한다' 는 뜻입니다.

영접하는 자 곧 그 이름을 믿는 자들에게는 하나님의 자녀가 되는 권세를 주셨으니(요 1:12)

내가 진실로 진실로 너희에게 이르노니 내 말을 듣고 또 나 보내신 이를 믿는 자는 영생을 얻었고 심판에 이르지 아니하나니 사망에서 생명으로 옮겼느니라(요 5:24)

우리가 예수 그리스도를 나의 주님, 나의 하나님으로 고백하고 하나님이 그를 죽은 자 가운데서 살리신 것을 마음으로 믿으면 구원을 받습니다. 영생을 선물로 받고 하나님의 자녀가 됩니다. 그리고 우리를 하나님의 의가 되게 하십니다. 죄가 하나님과 분리된 영적 상태라고 한다면, 의는 하나님의 생명을 받은 영적 상태를 말합니다. 따라서 하나님의 생명을 받은 사람들은 하나님의 의를 소유하게 됩니다.

> 너희는 하나님께로부터 나서 그리스도 예수 안에 있고 예수는 하나님께로서 나와서 우리에게 지혜와 의로움과 거룩함과 구속함이 되셨으니(고전 1:30)

예수님의 의가 우리의 의가 되었습니다. 그리스도인은 하나님의 의인 동시에 하나님의 의를 소유한 사람입니다.

하나님이 믿는 사람을 어떻게 의롭게 하셨습니까? 그리스도께서 우리를 대신하여 죄가 되셨습니다. 죄의 대가인 율법의 저주를 담당하시고, 우리를 대신하여 죽으시고, 피 흘리시고, 심판 받으시고, 음부에 내려가셔서 사망의 고통을 받으시고, 영으로 살리심을 받고 마귀를 이기시고 무덤을 열고 사흘 만에 부활 승천하셔서 인류의 죄를 구속하시고, 죄를 없이 하여 주셨습니다. 예수 그리스도를 믿는 자에게 영생을 선물로 주시고 하나님의 자녀가 되게 하셨습니다. 그 결과 그리스도인들은 하나님의 의가 되었습니다. 그리스도인은 누구입니까? 피와 말씀과 성령으로 하나님의 의가 자신의 의가 된 사람입니다. 하나님의 의에 굳건히 서십시오. 그리고 그 가운데서 행하십시오. 그리하면 놀라운 변화가 일어나고 능력 있는 삶을 살게 될 것입니다.

03 | 로마서 3장 9절~24절
믿음의 의

어떤 성도들은 지금까지 자신을 무가치하고 불의하며 연약하고 믿음없는 사람들이라고 배워왔습니다. 이러한 생각들은 오랫동안 지속되어온 한국교회의 고질적인 질병 중의 하나입니다. 이러한 결과로 인하여 행위가 아닌 해방을 주는 메시지를 전하면 기뻐하는 것이 아니라 오히려 불안해하기도 합니다. 만약 우리가 충분히 오랫동안 기도하고 죄를 자백하고 무엇을 희생할 수 있다면, 어떤 면에서는 영적인 삶을 얻을지도 모릅니다. 그러나 행위로 의롭다함을 얻으려는 시도는 잘못입니다.

하나님의 의는 오직 믿음에 의해서만 얻어집니다.

하나님의 의는 행위에 의해 얻어지지 않습니다. 회개하며 소리내어 울고 눈물을 흘린다고 해서 얻어지지 않습니다. 어떤 사람들은 행위로 의롭다 함을 얻으려고 노력해 왔습니다. 만약 우리가 어떤 정해진 시간에 기도함으로 의로워질 수 있다면 마땅히 그래야 할 것입니다. 어렸을 때부터 지금까지 지은 모든 죄를 회개하고 보상함으로 의로워질 수 있다면 기꺼이 더 많은 노력을 해야 할 것입니다. 그러나 하나님의 의는 그와 같은 방식으로 주어지지 않습니다. 오직 믿음에 의해서만 얻어집니다. 자신의 행위가 아닌 그리스도의 공로에 의해 주어집니다. 자신의 눈물이 아닌 그리스도의 눈물에 의해 주어집니다.

성철 스님은 10년 동안 수행 암자 밖으로 나가지 않았습니다. 8년 동안 꼿꼿이 앉은 채 잠을 자며 말하지도 않는 장좌불와(長坐不臥) 수행을 하였습니다. 무엇 때문입니까? 득도를 하여 의를 얻기 위해서입니다.

그러나 인간이 그 어떤 행위를 한다고 해서 의로워질 수 있겠습니까? 하나님을 떠난 인간은 죄인인 이상 죄 자체입니다. 아담의 죄의 피가 흐르고 있습니다. 영적으로 마귀의 자식이고, 하나님과 원수된 자입니다. 전혀 소망이 없는 존재이며, 인간은 스스로 자신을 구원할 수 없는 존재입니다.

> 구스인이 그 피부를, 표범이 그 반점을 변할 수 있느뇨 할 수 있
> 을진대 악에 익숙한 너희도 선을 행할 수 있으리라(렘 13:23)

구원은 자신의 힘으로 불가능합니다. 의로워지는 것은 자신의 힘으
로 할 수 없습니다.

> 그러므로 율법의 행위로 그의 앞에 의롭다 하심을 얻을 육체가
> 없나니 율법으로는 죄를 깨달음이니라(롬 3:20)

하나님의 의는 사람들이 죄책감이나 열등감 없이 하나님 앞에 담대
히 설 수 있는 능력입니다.

하나님의 의는 믿는 자들에게 자유의식을 심어줍니다.

만약 믿는 사람들이 자신 안에 하나님의 의가 있다는 사실을 안다
면 더 이상 환경에 속박당하지 않을 것입니다. 만약 우리가, 연약하고

무가치함을 의식하는 만큼, 하나님의 의를 의식하면 더 이상 가난과 궁핍과 질병에 매이지도 않을 것입니다. 만약 우리가, 육체적 고통과 필요를 의식하듯이 하나님의 의를 의식하고, 예수 그리스도와 하나 됨과 일치를 의식한다면 더 이상 자신의 궁핍을 말하지 않게 될 것입니다. 하나님의 의는 믿는 자들에게 새로운 자유의식을 줍니다. 그리스도인의 자유의식은 죄 의식으로부터 해방을 주어 연약함과 궁핍의식을 제거합니다. 죄 의식과 연약함과 궁핍의식의 자리는 그리스도의 의와 강건함과 풍성함의 실재로 대치됩니다. 그리스도인들은 예수님이 의가 된 사람들이며 그리스도 예수 안에서 하나님의 의가 된 사람들입니다. 하나님은 하나님의 모든 능력과 충만함으로 그리스도인들과 함께 하십니다.

> 그 안에는 신성의 모든 충만이 육체로 거하시고 너희도 그 안에서 충만하여졌으니 그는 모든 정사와 권세의 머리시라(골 2:9-10)

하나님은 새로운 피조물의 아버지이십니다. 하나님은 믿는 자의 힘이십니다. 하나님은 하나님의 의로써 그리스도인들을 지지하고 계십니다. 그리스도인은 환경을 더 이상 두려워할 필요가 없으며, 더 이상 실패할 이유가 없습니다. 하나님은 그리스도인들에게 이렇게 말씀하십니다.

> 두려워 말라 내가 너와 함께 함이니라 놀라지 말라 나는 네 하
> 나님이 됨이니라 내가 너를 굳세게 하리라 참으로 너를 도와 주
> 리라 참으로 나의 의로운 오른손으로 너를 붙들리라(사41:10)

그리스도인의 자유의식은 새로운 자유를 줍니다.

하나님의 자녀들로 예수 이름의 권세를 사용할 수 있는 새로운 의
식을 갖게 합니다. 하나님과의 교제에도 새로운 기쁨을 줍니다. 하나
님의 말씀에 대하여 새로운 의식을 갖게 합니다. 지금까지는 문자였던
말씀이 그리스도인들의 마음을 사로잡습니다. 전에는 깨닫지 못했으
나, 이제는 하나님과 예수님이 나에게 직접 말씀하시는 음성이라는 것
을 깨닫게 됩니다. 하나님의 말씀은 무엇입니까? 말씀은 하나님의 음
성입니다. 대중들에게 말씀하시는 것이 아니라 나에게 직접 말씀하시
는 하나님의 음성입니다. 하나님의 불이요, 검이요, 방망이입니다.

하나님의 의는 믿는 자에게 주인의식을 줍니다.

하나님은 창세기 1장 28절에서 아담과 하와에게 "생육하고 번성하
여 땅에 충만하라, 땅을 정복하라, 모든 생물을 다스리라"고 하십니

다. 그러나 죄가 들어오자 주인이 종이 되었습니다. 지배하고 다스리는 대신 지배받고 다스림을 받게 되었습니다. 하지만 그리스도의 구속의 은총을 통하여 그리스도인들의 위치가 회복되었습니다. 하나님의 의로 말미암아 지배하고 다스리는 주인의식을 갖게 되었습니다.

자녀의 권세를 주셨습니다.

> 영접하는 자 곧 그 이름을 믿는 자들에게는 하나님의 자녀가 되는 권세를 주셨으니(요 1:12)

> 예수께서 나아와 일러 가라사대 하늘과 땅의 모든 권세를 내게 주셨으니 그러므로 너희는 가서 모든 족속으로 제자를 삼아 아버지와 아들과 성령의 이름으로 세례를 주고(마 28:18-19)

하늘로부터 오는 권세로 옷을 입게 되었습니다.

예수님은 사탄을 정복하셨습니다.

사탄과 그의 모든 역사를 그리스도인들의 발아래 두었습니다. 그 결과 사탄의 종노릇하는 사람들로 하여금 사탄을 이긴 자가 되게 하셨습니다.

> 정사와 권세를 벗어 버려 밝히 드러내시고 십자가로 승리하셨느니라(골 2:15)

> 내가 너희에게 뱀과 전갈을 밟으며 원수의 모든 능력을 제어할 권세를 주었으니 너희를 해할 자가 결단코 없으리라(눅 10:19)

하나님은 모든 무릎을 예수의 이름 앞에 꿇게 하셨습니다.

하나님은 모든 입으로 예수 그리스도를 주라 시인하게 하셨습니다. 예수 그리스도를 믿는 자들에게 예수의 이름을 주셨습니다. 믿는 자들은 그 이름을 사용할 수 있는 출생권이 있으며, 공유권과 위임권 또한 있습니다. 세상에 사는 동안에 하나님의 대사로서 대리권이 주어져 있습니다.

> 내 이름으로 무엇이든지 내게 구하면 내가 시행하리라(요 14:14)

이것은 그리스도인들이 주님의 이름으로 아버지 하나님께 무엇을 달라는 기도가 아닙니다.

사도행전 3장에 의하면 베드로와 요한이 성전에 들어갈 때, 성전 미문에서 구걸하는 앉은뱅이가 베드로에게 무엇을 좀 얻을까 하여 손을 내밀었습니다. 이때 베드로가 그를 보며 "은과 금은 내게 없거니와 내게 있는 것으로 네게 주노니 곧 나사렛 예수 그리스도의 이름으로 걸으라" 하고 손으로 일으키매 걷기도 하고, 뛰기도 하며 하나님을 찬미하였습니다. 이것이 내 이름으로 무엇이든지 내게 구하면 내가 시행하리라는 의미입니다. 우리는 보통 예수님의 이름으로 아버지 하나님께 성령으로 기도하지 않습니까? 그러나 "내 이름으로 무엇이든지 내게 구하면 내가 시행하리라"는 말씀은 명령하고 선포하는 기도입니다.

> 믿는 자들에게는 이런 표적이 따르리니 곧 저희가 내 이름으로 귀신을 쫓아내며 새 방언을 말하며 뱀을 집으며 무슨 독을 마실지라도 해를 받지 아니하며 병든 사람에게 손을 얹은즉 나으리라 하시더라(막 16:17-18)

그리스도인들은 생명 안에서 왕노릇하는 사람들입니다. 사탄의 지배는 깨어졌고 예수 그리스도의 주 되심이 그리스도인들의 삶 속에 이미 시작되었습니다.

> 한 사람의 범죄를 인하여 사망이 그 한 사람으로 말미암아 왕
> 노릇 하였은즉 더욱 은혜와 의의 선물을 넘치게 받는 자들이 한
> 분 예수 그리스도로 말미암아 생명 안에서 왕 노릇 하리로다(롬
> 5:17)

의는 어떻게 주어집니까? 인간의 행위와 노력에 의해 주어지지 않
고 오직 믿음으로 말미암아 주어집니다. 하나님의 의는 믿는 자들에게
자유의식을 주며 지배하고 다스리는 주인의식을 줍니다. 그리스도인
은 나무의 열매를 맺는 가지가 되었습니다. 하나님의 입술이 되었고
하나님의 손이 되었습니다. 하나님은 그리스도인 안에 사시고, 그리스
도인은 하나님과 함께 사는 사람이 되었습니다. 그리스도인은 이 세상
을 살아갈 때 혼자가 아닙니다. 하나님과 함께 걷고 있습니다. 비록 눈
에는 보이지 않을지라도 이것은 사실입니다. 이 모든 것이 하나님의
의로 말미암아 교회와 모든 그리스도인에게 주어졌습니다.

04 | 로마서 3장 23-26절
그리스도인은 하나님의 의이다

그리스도인이 하나님의 의라는 말씀은 예수 그리스도께서 의로우신 만큼 그리스도인도 의롭다는 뜻입니다. 하나님이 예수 그리스도를 보시듯, 그리스도 안에서 그리스도인을 동일하게 보신다는 의미입니다. 어떻게 해서 그리스도인이 하나님의 의가 되었습니까?

주님은 우리를 위하여 두 번 죽으셨습니다.

인류의 조상 아담과 하와가 죄를 범하는 순간 아담과 하와는 하나님과의 관계가 단절되었습니다. 우리는 이것을 영적 죽음이라고 말합니다.

여호와 하나님이 그 사람에게 명하여 가라사대 동산 각종 나무
의 실과는 네가 임의로 먹되 선악을 알게 하는 나무의 실과는 먹
지 말라 네가 먹는 날에는 정녕 죽으리라 하시니라(창 2:16-17)

'정녕 죽으리라' 는 말씀은 하나님과의 단절인 영적 죽음을 의미합
니다. 그리고 영적 죽음은 육체적 죽음을 가져왔고, 육체적 죽음의 결
과로 하나님의 심판을 받아 영혼이 음부에 들어갑니다. 그리고 영원한
멸망에 처하게 됩니다.

그러므로 범죄한 인간은 영적인 죽음과 함께 육체적인 죽음, 즉 두
번의 죽음을 경험합니다. 예수님은 인간을 구원하시기 위하여 두 번
죽으셨습니다. 우리를 대신하여 죄가 되심으로 영적 죽음을 경험하셨
고, 십자가에 달려 피 흘려 죽으심으로 육체적 죽음을 경험하셨습니
다.

하나님이 죄를 알지도 못하신 자로 우리를 대신하여 죄를 삼으
신 것은 우리로 하여금 저의 안에서 하나님의 의가 되게 하려
하심이니라(고후 5:21)

예수님은 우리를 대신하여 죄가 되시는 순간 영적 죽음을 경험하셨

습니다.

> 우리가 아직 죄인 되었을 때에 그리스도께서 우리를 위하여 죽으심으로 하나님께서 우리에게 대한 자기의 사랑을 확증하셨느니라(롬 5:8)

또한 십자가에 달려 피 흘려 죽으심으로 육체적 죽음을 경험하셨습니다.

주님은 우리를 위하여 두 번 살리심을 받았습니다.

'두 번 살리심을 받았다' 는 뜻은 첫째는 영으로 살리심을 받았다는 뜻이고, 둘째는 무덤에서 살리심을 받았다는 뜻입니다. 그리스도의 육체적 죽음 이후에 그리스도의 영혼은 음부에 내려가셨습니다. 거기서 하나님의 공의가 만족될 때까지 사흘 낮과 밤 동안 고통을 받으셨습니다. 이것을 '사망의 고통' 이라고 합니다. 사망의 고통을 받으신 후 그리스도의 영혼은 다시 살리심을 받았고, 마귀를 정복하시고 사흘만에 무덤에서 부활하심으로 다시 살아나셨습니다. 그러므로 예수님은 우리를 위하여 두 번 살리심을 받으셨습니다.

크도다 경건의 비밀이여, 그렇지 않다 하는 이 없도다 그는 육
신으로 나타난 바 되시고 영으로 의롭다 하심을 입으시고(딤전
3:16)

그리스도께서도 한 번 죄를 위하여 죽으사 의인으로서 불의한
자를 대신하셨으니 이는 우리를 하나님 앞으로 인도하려 하심
이라 육체로는 죽임을 당하시고 영으로는 살리심을 받으셨으니
(벧전 3:18)

그리스도인은 언제 의롭게 되었습니까? 예수님이 의롭게 되실 때입
니다. 예수님은 언제 의롭게 되셨습니까? 영으로 살리심을 받았을 때
입니다.

예수님은 죽은 자들 가운데서 먼저 나신 자가 되셨습니다.

'먼저 나신 분'이라는 뜻은 인류 역사상 처음으로 중생하신 분이라
는 뜻입니다. 처음으로 거듭나신 분이라는 뜻입니다. 중생은 '다시 태
어나다'는 뜻으로, 죄로 말미암아 죽었다가 하나님의 생명으로 다시
태어나다, 다시 출생하다는 의미입니다.

곧 하나님이 예수를 일으키사 우리 자녀들에게 이 약속을 이루
게 하셨다 함이라 시편 둘째 편에 기록한 바와 같이 너는 내 아
들이라 오늘 너를 낳았다 하셨고(행 13:33)

'너는 내 아들이라 오늘 너를 낳았다' 는 말은 예수님이 우리의 죄
를 대신하여 죄가 되신 순간 영적 죽음을 맛보셨고, 사망의 고통을 받
으심으로 하나님의 공의가 만족되는 순간, 영으로 살리심을 받았다는
뜻입니다. 죽은 자들 가운데서 먼저 나신 분이시기에 성경은 '너는 내
아들이라 내가 너를 낳았다' 고 증거하고 있습니다.

그는 몸인 교회의 머리라 그가 근본이요 죽은 자들 가운데서 먼
저 나신 자니 이는 친히 만물의 으뜸이 되려 하심이요(골 1:18)

우리는 그의 만드신 바라 그리스도 예수 안에서 선한 일을 위하
여 지으심을 받은 자니(엡 2:10)

'선한 일을 위하여 지으심을 받았다' 는 말은 예수님이 죽으시고 하
나님의 생명으로 다시 태어날 때 우리도 예수 그리스도 안에서 거듭났
다는 의미를 가지고 있습니다.

언제 이 일이 이루어졌습니까?

예수님은 부활 하신 후, 곧바로 주님의 피를 가지고 사람의 손으로 짓지 아니한 하늘의 영원한 지성소로 들어가셔서, 인류의 죄를 구속하신 후에 하나님의 보좌에 앉으셨습니다.

이제는 죄를 용서받을 뿐만 아니라 죄 없이 함을 받는 길이 열리게 되었습니다. 하나님의 생명을 얻을 수 있는 길이 열렸습니다. 하나님의 의가 되는 길이 활짝 열렸습니다. 하나님과 교통하는 길이 열렸습니다. 예수 그리스도를 주님으로 고백하고 하나님이 그를 죽은 자 가운데서 살리신 것을 믿으면, 지난날의 모든 죄를 용서받을 뿐만 아니라 죄가 없어집니다. 하나님의 생명을 선물로 받으며 그분의 자녀가 됩니다. 하나님의 의가 나의 의가 됩니다. 예수님이 의로우신 만큼 의롭게 되는 놀라운 역사가 일어납니다. 왜냐하면 예수님이 믿는 자의 의가 되셨기 때문입니다.

> 곧 이 때에 자기의 의로우심을 나타내사 자기도 의로우시며 또한 예수 믿는 자를 의롭다 하려 하심이니라(롬 3:26)

'자기도 의로우시며 예수 믿는 자를 의롭다 하려 하심' 이란 뜻은 예수님이 의로우신 만큼 그분을 믿는 자들도 똑같이 의롭게 된다는 뜻입니다. 예수님이 거듭나실 때 우리도 주안에서 새 생명을 갖고 다시 태어났습니다. 새 생명을 갖고 중생하는 순간 하나님의 의가 나의 의가 되었습니다.

그리스도인은 새로운 피조물이 되었습니다.

인간은 그 죄를 용서받은 것만으로는 불충분합니다. 죄의 옛 성품이 있다고 한다면 여전히 죄를 지을 것이고 하나님과 올바른 관계를 맺을 수 없기 때문입니다. 그러나 사람이 하나님의 자녀가 되는 순간 새로운 피조물이 됩니다.

그런즉 누구든지 그리스도 안에 있으면 새로운 피조물이라 이전 것은 지나갔으니 보라 새 것이 되었도다(고후 5:17)

새로운 피조물 안에 사탄의 본질인 죄가 그대로 남아 있다면 어떻게 하나님과 온전하게 화목할 수 있겠습니까? 사람들이 예수님을 주님으로 고백하고 영접하는 순간 죄와 함께 지난날의 모든 죄들이 없어집니다. 한 번도 죄를 짓지 않은 것처럼 주님이 우리를 의롭게 하십니다. 성서에서 '죄 없이 함을 받는다' 라는 말은 불신자와 관련해서 사용되고, '용서'라는 말은 신자와 관련해서 사용되고 있습니다.

　죄없이 함은 불신자가 예수 그리스도를 믿을 때 중생과 관련해서 오직 한 번 일어나는 일입니다.

> 만일 우리가 우리 죄를 자백하면 저는 미쁘시고 의로우사 우리 죄를 사하시며 모든 불의에서 우리를 깨끗케 하실 것이요(요일 1:9)

　'죄를 사한다'라는 말은 죄를 용서한다는 말로 헬라어 '아페시스'라는 단어인데, 아페시스라는 말은 영어의 'Forgiveness', 즉 용서라는 의미입니다. 죄없이 함은 불신자와 관련이 있고 '아페시스'의 용서라는 단어는 그리스도인들이 하나님과의 교제를 상실할 때 신자들을 상대로 하신 말씀입니다.

　자연인이 예수를 믿으면 사탄의 속성인 죄가 제거되고, 대신에 하나님의 속성인 영생이 그 자리를 차지하게 됩니다. 지금까지 지은 모든 죄들이 마치 한 번도 죄를 짓지 않은 것처럼 깨끗하게 됩니다.

　만약에 어떤 사람이 예수님을 믿으려고 하는데 전도자가 "예수 믿기 전에 지은 모든 죄를 낱낱이 고백하고 통회하고 회개하고 자복해야 됩니다."라고 말을 한다면, 이 전도자는 하나님이 죄를 어떻게 취급하시는지를 깨닫지 못한 전도자입니다. 불신자는 죄인인 이상 죄 자체입니다. 불신자는 죄로 말미암아 영적으로 죽어 있는 사람입니다. 영적으로 죽어 있는 사람이 죄를 고백한다고 해서 그것이 어떤 의미를 가질 수 있겠습니까? 많은 전도자들이 하나님이 죄를 어떻게 취급하는지를 깨닫지 못하기 때문에 이와 같은 잘못을 범합니다. 이것은 죄를 회개하거나 용서받는 문제가 아닙니다. 새로운 출생의 문제입니다. 그리스도와의 연합의 문제입니다. 가장 사악한 사람이라 할지라도 예수 그리스도를 믿게 되면 즉시 원죄와 더불어 지난날의 모든 죄들이 없어집니다. 죄 대신에 영생으로 대치되어 하나님의 자녀가 됩니다. 주님께서 의로우신 만큼 의롭게 됩니다. 이것이 얼마나 놀라운 일입니까?

> 그런즉 누구든지 그리스도 안에 있으면 새로운 피조물이라(고후 5:17)

새로운 피조물은 그리스도 안에 있는 사람들입니다. 예수를 믿고 거듭나는 순간, 우리는 예수님 안으로 들어갑니다. 주님 안으로 들어간다는 것은 그리스도와 연합하게 되는 것을 의미합니다.

요한복음 15장에 '나는 포도나무요 너희는 가지라' 하였습니다. 나무와 가지의 생명은 동일합니다. 가지는 줄기 안에 있지 않습니까? 이처럼 우리가 거듭나는 순간 하나님의 생명을 얻게 되고, 그리스도와 연합하게 되고 그리스도 안으로 들어가서 주님이 의로우신 것만큼 의롭게 됩니다.

> 만일 우리가 그의 죽으심을 본받아 연합한 자가 되었으면 또한 그의 부활을 본받아 연합한 자가 되리라(롬 6:5)

포도나무와 가지가 하나이듯이 그리스도와 우리는 하나입니다. 신랑과 신부의 관계이며, 머리와 몸의 관계입니다. 우리는 한 생명 안에서 연합되었습니다. 하나님의 생명은 의로운 생명입니다. 우리는 의로운 본성, 성품, 속성을 받아서 하나님의 의로우심과 동일하게 의롭게 된 사람들입니다.

예수님은 어떻게 그리스도인들을 의롭게 만드셨습니까? 주님은 두 번 죽으시고 두 번 살리심을 받으셨습니다. 죽은 자들 가운데서 먼저 나신 자가 되셨습니다. 그를 믿게 될 때 모든 죄들을 없이 하여 주십니다. 새 생명을 주시고 하나님의 자녀가 되게 하시고, 그의 의로우심과 같이 또한 의롭게 만들어 주십니다.

하나님의 의 가운데 서십시오.

복음에는 하나님의 의가 나타나서 믿음으로 믿음에 이르게 하
나니 기록된 바 오직 의인은 믿음으로 말미암아 살리라 함과 같
으니라(롬 1:17)

믿음으로 사십시오. 놀라운 역사가 일어날 것입니다. 아직도 죄 가
운데 머물고 계십니까? 있는 모습 그대로 주님께로 돌아오십시오. 예
수님이 나의 주님인 것을 고백하십시오. 나의 죄를 대신하여 죽으시고
사신 것을 마음으로 믿으십시오. 그리하면 일순간 그리스도의 피가 여
러분의 모든 죄를 없이 하시고, 죄 대신에 하나님의 생명으로 대치될
것입니다. 오직 예수의 피가 나의 마음에 흐르게 하십시오. 하나님의
자녀가 될 것입니다. 주님이 의로우신 것만큼 의롭게 되실 것입니다.

05 | 로마서 8장 37절
신앙생활을 실패하는 이유

어떤 사람이 외국을 가려고 하는데 비행기 출발하는 시간이 1월 1일 오전 11시였습니다. 그런데 그 사람은 1월 1일 오후 1시 인줄 알고 있었습니다. 그가 비행기를 타기 위해 공항에 나갔을 때 비행기는 이미 출발을 하고 없었습니다. 비행기 시간표를 잘못 보고 착각하였기 때문입니다. 이처럼 그리스도인들도 잘못 알면 신앙생활에 실패합니다.

그리스도인의 자유는 미래가 아닌 현재입니다.

그리스도인은 언제 안식을 누립니까?

　　언제 승리할 수 있습니까?

언제 이기는 자가 될 수 있습니까?

언제 하나님과 평화를 누릴 수 있습니까?

언제 능력을 갖게 됩니까?

언제 정죄의식에서 해방을 받으며 평안을 누리며 의롭게 되고 온전케 될 수 있습니까?

그리스도인의 자유는 육체의 장막을 벗어나 이 세상을 떠나서 하나님 앞에 가야만 가능한 일입니까?

만약 하나님이 '현재'에서 우리를 자유한 자로 세우실 수 없다면 어떻게 사후에 자유한 자로 세우실 수 있겠습니까?

만약 사후에 가서야 그리스도인들을 깨끗하게 하고 자유한 자로 세우는 것이 가능하다면, 하나님은 구속을 완성하기 위해서 죽음을 필요로 할 것입니다. 그런데 죽음은 사탄에게 속하는 것이기 때문에, 결국 마귀의 도움을 필요로 한다는 뜻이므로 모순에 빠지게 됩니다.

자녀들은 혈육에 함께 속하였으매 그도 또한 한 모양으로 혈육에 함께 속하심은 사망으로 말미암아 사망의 세력을 잡은 자 곧 마귀를 없이 하시며 또 죽기를 무서워하므로 일생에 매여 종 노릇 하는 모든 자들을 놓아 주려 하심이니 (히 2:14-15)

그러므로 그리스도인의 자유는 사후에 이루어지는 것이 아니라 현재 그리스도인이 누릴 수 있는 자유입니다.

언제 영생을 얻습니까?

개척 초기 전도관 신앙촌에서 생산하는 물건을 파는 아주머니 한 분을 만난 적이 있습니다. 그분에게 "왜 이런 일을 하고 다니십니까?"라고 물었더니 "구원을 얻기 위해서지요"라고 하였습니다. 그래서 "예수님을 영접하면 죄를 용서받고 영생을 선물로 받으며 구원을 얻는 것이 아닙니까?"라고 하였더니 "그것을 어떻게 알 수 있습니까? 영생을 얻기 위해서 열심히 일을 합니다" 하고 끝까지 고집하는 것을 보았습니다.

> 내가 진실로 진실로 너희에게 이르노니 내 말을 듣고 또 나 보내신 이를 믿는 자는 영생을 얻었고 심판에 이르지 아니하나니 사망에서 생명으로 옮겼느니라(요 5:24)

믿는 자는 이미 영생을 얻은 자입니다. 믿는 자는 사망에서 생명으로 옮겨졌습니다.

언제 죄책감에서 해방됩니까?

> 하물며 영원하신 성령으로 말미암아 흠 없는 자기를 하나님께
> 드린 그리스도의 피가 어찌 너희 양심으로 죽은 행실에서 깨끗
> 하게 하고 살아계신 하나님을 섬기게 못하겠느뇨(히 9:14)

> 그러므로 이제 그리스도 예수 안에 있는 자에게는 결코 정죄함
> 이 없나니 이는 그리스도 예수 안에 있는 생명의 성령의 법이
> 죄와 사망의 법에서 너를 해방하였음이라(롬 8:1-2)

죄가 상처라면 죄책감은 통증입니다. 상처가 나으면 통증이 사라지
듯 보혈의 능력은 죄를 없이하며 죄책감에서 해방 받게 합니다. 그러
므로 죄 용서함을 받은 그리스도인은 지금 죄책감에서 해방되어 주 안
에서 자유를 누려야 합니다.

언제 승리합니까?

> 그러나 이 모든 일에 우리를 사랑하시는 이로 말미암아 우리가
> 넉넉히 이기느니라(롬 8:37)

우리 주 예수 그리스도로 말미암아 우리에게 이김을 주시는 하나님께 감사하노니(고전 15:57)

그리스도인은 사후에 승리하는 것이 아니라 현재 승리를 누려야 합니다.

언제 평안을 누립니까?

평안을 너희에게 끼치노니 곧 나의 평안을 너희에게 주노라 내가 너희에게 주는 것은 세상이 주는 것 같지 아니하니라 너희는 마음에 근심도 말고 두려워하지도 말라(요 14:27)

그리스도인은 사후에 평안을 누리는 것이 아니라 현재 평안을 누려야 합니다.

언제 우리를 흠 없이 즐거움으로 하나님 앞에 세우실 수 있습니까?

능히 너희를 보호하사 거침이 없게 하시고 너희로 그 영광 앞에 흠이 없이 즐거움으로 서게 하실 자 곧 우리 구주 홀로 하나이

신 하나님께 우리 주 예수 그리스도로 말미암아 영광과 위엄과
권력과 권세가 만고 전부터 이제와 세세에 있을지어다 아멘(유
1:24-25)

만약 하나님이 현재 그리스도인을 흠없이 즐거움으로 세우실 수 없
다면 어떻게 사후에 세우실 수 있겠습니까?

그리스도인은 현재 하나님의 임재 속에 살고 있습니다. 하나님의
임재 가운데 걷고 있습니다. 그러므로 그리스도인들은 현재 흠없이
즐거움으로 설 수 있어야만 합니다.

언제 의롭게 됩니까? 세상을 떠나 천국에 가서 입니까?

하나님이 죄를 알지도 못하신 자로 우리를 대신하여 죄를 삼으
신 것은 우리로 하여금 저의 안에서 하나님의 의가 되게 하려 하
심이니라(고후 5:21)

그리스도인은 하나님의 의가 자신의 의가 된 사람들입니다.

중생한 이후에도 하나님의 생명과 사탄의 본성을 동시에 가지고

있다는 생각을 버려야 합니다.

영생은 하나님의 생명, 하나님의 속성, 하나님의 본질, 하나님의 성품을 의미하고, 죄는 사탄의 속성, 사탄의 본질, 사탄의 성품을 의미합니다. 거듭나기 전 모든 자연인들은 죄로 말미암아 거듭난 사탄의 자식입니다.

> 너희는 너희 아비 마귀에게서 났으니 너희 아비의 욕심을 너희
> 도 행하고자 하느니라(요 8:44)

회개하고 예수 그리스도를 믿으면 죄의 용서를 받을 뿐만 아니라 죄 없이 함을 받고 영생을 선물로 받아서 하나님의 자녀가 됩니다.

> 제사장마다 매일 서서 섬기며 자주 같은 제사를 드리되 이 제사
> 는 언제든지 죄를 없게 하지 못하거니와 오직 그리스도는 죄를
> 위하여 한 영원한 제사를 드리시고 하나님 우편에 앉으사(히
> 10:11-12)

그리스도의 보혈은 죄를 용서할 뿐만 아니라, 죄를 깨끗케 하고 죄

를 없이 하며 영생을 선물로 주심으로 하나님의 자녀로 거듭나게 하는 능력이 있습니다.

> 아들이 있는 자에게는 생명이 있고 하나님의 아들이 없는 자에게는 생명이 없느니라 내가 하나님의 아들의 이름을 믿는 너희에게 이것을 쓴 것은 너희로 하여금 너희에게 영생이 있음을 알게 하려 함이라(요일 5:12-13)

그런데도 많은 그리스도인들이 자기 속에 하나님의 생명과 사탄의 본성이 양립하여 있다고 생각합니다. 이것은 자신이 하나님의 자녀이면서 동시에 사탄의 자녀임을 의미합니다. 하나님은 우리들에게 영생을 주실 수 있지만, 옛 성품인 사탄의 성품을 제거하실 수는 없다고 생각하는 것입니다.

어떻게 그리스도인이 사탄의 본성을 가지고 그리스도 안에 있을 수 있겠습니까? 어떻게 하나님의 자녀이면서 동시에 마귀의 자식이 될 수 있겠습니까? 어떻게 죄를 제거하지 않고 하나님의 생명으로 거듭나게 할 수 있습니까? 그러므로 그리스도인들에게 하나님의 생명과 사탄의 본성이 양립할 수 있다는 것은 비성서적입니다. 만약 우리가 하나님의 생명과 사탄의 본성이 양립한다고 생각한다면, 신앙생활에 승리나 발

전이 있을 수 없습니다. 실패할 수밖에 없습니다.

하나님은 아담과 하와가 타락하자 천사를 보내어 생명나무의 길을 막았습니다. 왜 생명나무의 길을 막아 버리셨습니까? 만약 죄가 들어온 상태에서 아담과 하와가 생명나무의 실과를 따먹으면, 마귀의 자식이면서 동시에 하나님의 자녀라는 괴물 같은 인간이 탄생하기 때문입니다.

> 이같이 하나님이 그 사람을 쫓아내시고 에덴동산 동편에 그룹들과 두루 도는 화염검을 두어 생명나무의 길을 지키게 하시니라(창 3:24)

때가 되어 하나님이 인간의 육신을 입고 오시어 인류의 죄를 대신 담당하셨고, 피 흘려 죽으시고 마귀의 권세를 깨뜨리시고 3일 만에 부활하심으로 인류의 죄를 구속하셨습니다. 죄를 사하시고 죄를 깨끗케 하시고 죄를 없이 하셨습니다. 믿는 자들에게 영생을 선물로 주시고 자녀의 권세를 얻게 하셨습니다.

> 이에 성소 휘장이 위로부터 아래까지 찢어져 둘이 되고 땅이 진동하며 바위가 터지고(마 27:51)

하나님이 성서의 휘장을 찢으신 것은 인류가 타락하자 막아놓은 생명나무의 길을 열어놓으셨다는 뜻입니다. 다시 말해서 죄의 문제를 해결하시고, 죄를 없이 하시고 영생을 얻을 수 있는 길을 열어놓으셨다는 뜻입니다.

너희는 믿지 않는 자와 멍에를 같이 하지 말라 의와 불법이 어찌 함께 하며 빛과 어두움이 어찌 사귀며 그리스도와 벨리알이 어찌 조화되며 믿는 자와 믿지 않는 자가 어찌 상관하며(고후 6:14-15)

하나님의 생명과 사탄의 성품은 양립할 수 없습니다.

그런즉 누구든지 그리스도 안에 있으면 새로운 피조물이라 이전 것은 지나갔으니 보라 새 것이 되었도다(고후 5:17)

그리스도께서 우리로 자유케 하려고 자유를 주셨으니 그러므로 굳세게 서서 다시는 종의 멍에를 메지 말라(갈 5:1)

그리스도인은 새로운 피조물입니다. 당신의 자유를 현재에 두십시오. 그러면 승리할 것입니다.

06 | 요한복음 17장 23절
하나님에 대한 진정한 개념

하나님은 어떤 분이라고 생각하십니까? 많은 그리스도인들이 하나님에 대한 진정한 개념을 정립하지 못하고 있습니다. 그들은 하나님을, 어머니가 어린아이를 보호하듯 과잉보호하시는 하나님, 죄를 추적하고 죄인들을 붙잡아서 심문하고 죄를 들추어내시는 분, 죄를 심판하시는 심판자, 도를 닦는 도사나 산신령, 나의 개인적인 문제와는 별로 상관이 없는 우주의 하나님, 모든 일을 마음대로 처리하는 독재자처럼 생각을 합니다. 그리스도인의 하나님은 어떤 분이십니까?

죄는 하나님에 대한 진정한 개념을 잃게 하였습니다.

죄는 영적 죽음을 가져왔습니다. 영적 죽음은 죄책감을 낳았습니다. 죄의식은 하나님에 대한 잘못된 심상을 갖게 하였습니다. 새로운 피조물이 무엇인지에 대하여 오해하게 하였습니다. 죄의식은 우리로 하여금, 하나님은 너무나도 거룩하시고 공의로우시고 엄격하시고 죄를 찾아 심판하시는 분이시기 때문에, 감히 접근할 수 없는 하나님으로 보게 하였습니다. 이러한 하나님에 대한 잘못된 개념 때문에 사람들은 하나님을 두려워하고 하나님을 기피하게 되었습니다.

누가복음 15장에서 둘째아들은 자신의 몫을 챙겨서 먼 나라로 갔습니다. 거기서 허랑방탕한 생활을 하다가 모든 재산을 허비하였습니다. 설상가상으로 그 나라에 흉년이 들어 궁핍해지자, 얼마나 배가 고팠던지 들에서 키우는 돼지의 먹이인 쥐엄열매로 굶주림을 채우고자 했으나 그마저 주는 자가 없었습니다. 그는 크게 후회하면서 집으로 돌아갔습니다. 아직도 상거가 먼데 아버지는 아들을 알아보았습니다. 아버지는 아들을 측은히 여겼습니다. 그리고 달려가 목을 안고 입을 맞추었습니다.

아들이 아버지에게 이렇게 고백했습니다.

> 아들이 가로되 아버지여 내가 하늘과 아버지께 죄를 얻었사오니 지금부터는 아버지의 아들이라 일컬음을 감당치 못하겠나이다 하나(눅 15:21)

무엇이 자신의 아버지를 상전으로 만든 것입니까? 무엇이 자신을 종으로 비하하게 하였습니까? 그것은 죄의식입니다. 죄의식은 하나님에 대한 왜곡된 심상을 갖게 합니다. 때문에 하나님은 이 문제를 해결하시기 위하여 독생자 예수 그리스도를 보내주셨고, 예수님은 우리를 대신하여 죄가 되셨으며, 피를 흘리셨습니다. 영적 죽음과 육체적인 죽음을 경험하셨습니다. 음부에 내려가서서 사흘 낮과 밤 사망의 고통을 받으셨습니다. 우리를 위하여 영으로 살리심을 받았고 무덤을 열고 사흘 만에 부활 승천하셨습니다. 인류의 죄를 구속하시고 하나님의 우편에 앉으셨습니다. 그를 믿는 자에게 사단의 본성인 죄와 지난날의 모든 죄들을 없이 하여 주셨습니다. 믿는 자들에게 영생을 주시고 하나님의 자녀가 되게 하여 주셨습니다. 하나님의 의가 나의 의가 되게 하셨습니다. 우리는 하나님의 자녀요, 하나님은 우리의 아버지가 되신 것입니다. 아버지는 종들에게 이렇게 말씀합니다. '제일 좋은 옷을 내어 입혀라. 손에 가락지를 끼우라. 발에 신을 신기라. 살진 송아지를 잡으라. 우리가 먹고 즐기자. 이 내 아들은 죽었다 살았고 잃었다가 다시 얻었다' 하였습니다. 그리고 '나는 네 아버지다.'고 말씀하셨습니다.

하나님을 어떻게 받아들이고 계십니까? 아직도 하나님을 상전처럼, 자신을 품꾼 중 하나로 생각하고 있지 않습니까? 그렇다면 십자가 앞에 나아가십시오. 더러워진 옷을 벗어버리듯이 낡은 옛사람의 옷을 벗어버리고 의의 옷으로 갈아 입으십시오. 하나님의 사랑의 가락지를 가지십시오. 신발을 신듯이 하나님의 자녀 된 권세를 취하십시오. 그리고 하나님이 나의 아버지이심을 믿으십시오.

새로운 피조물은 하나님을 아버지로 알게 하였습니다.

그런즉 누구든지 그리스도 안에 있으면 새로운 피조물이라 이전 것은 지나갔으니 보라 새 것이 되었도다(고후 5:17)

그리스도인은 새로운 피조물로, 아담으로부터 내려오는 죄를 용서받았을 뿐만 아니라 죄 없이함을 받은 사람입니다. 하나님의 생명을 선물로 받아 하나님의 자녀가 된 사람입니다. 하나님이 자신의 아버지가 된 사람입니다.

그리하면 그가 세상을 창조할 때부터 자주 고난을 받았어야 할 것이로되 이제 자기를 단번에 제사로 드려 죄를 없게 하시려고 세상 끝에 나타나셨느니라(히 9:26)

오직 그리스도는 죄를 위하여 한 영원한 제사를 드리시고 하나
님 우편에 앉으사(히 10:12)

만일 우리가 예수 그리스도를 나의 구주, 나의 하나님으로 믿기만
하면 하나님의 생명을 선물로 받아 하나님의 자녀가 되고 하나님은 그
의 아버지가 되실 것입니다.

너희는 다시 무서워하는 종의 영을 받지 아니하였고 양자의 영
을 받았으므로 아바 아버지라 부르짖느니라(롬 8:15)

양자는 법적으로 입양되었으나 부모가 낳은 자식은 아닙니다. 그러
나 로마서 8장 15절에서 이야기하는 양자의 영은 합법적으로 우리들
이 하나님께 입양되었을 뿐만 아니라, 하나님께서 직접 우리를 낳으셨
다는 뜻입니다. 우리는 하나님의 아들 예수 그리스도를 아들의 영이라
고 하고, 아들의 영을 통하여 거듭난 그리스도인의 영을 양자의 영이
라고 합니다. 그러므로 로마서 8장15절에서 '양자의 영을 받았으므로
아바 아버지라 부르짖느니라' 는 말씀은 합법적으로 하나님의 자녀로
입양되었을 뿐만 아니라 하나님이 직접 우리를 낳았다는 의미입니다.

내가 하나님의 아들의 이름을 믿는 너희에게 이것을 쓴 것은 너희로 하여금 너희에게 영생이 있음을 알게 하려 함이라(요일 5:13)

영생이 무엇입니까? 하나님의 속성, 신의 성품, 하나님의 본질을 영생이라고 합니다. '부생모육지은(父生母育之恩)' 이라는 말은 '아버님 나를 낳으시고 어머님 나를 기르셨다' 라는 뜻입니다. 자식은 아비로부터 생명을 받은 자 입니다. 하나님의 생명이 영생입니다. 우리는 예수 그리스도를 통하여 거듭난 사람이 됨으로써 하나님의 자녀가 되었고, 하나님은 우리의 아버지가 되셨습니다.

예수께서 대답하여 가라사대 사람이 나를 사랑하면 내 말을 지키리니 내 아버지께서 저를 사랑하실 것이요 우리가 저에게 와서 거처를 저와 함께 하리라(요 14:23)

이 말씀은 우리가 하나님의 가족이 된다는 뜻입니다. 가정에는 아버지와 어머니가 있고 자녀가 있습니다. 그리고 부모와 자녀가 한 지붕 밑에서 삽니다. 예수를 믿으면 영생을 선물로 받아 하나님의 자녀가 되고 '우리가 저에게 와서 거처를 저와 함께 하리라' 고 하신 것처럼 삼위일체되신 하나님이 우리와 함께 거하십니다.

> 너희 몸은 너희가 하나님께로부터 받은 바 너희 가운데 계신 성
> 령의 전인 줄을 알지 못하느냐 너희는 너희의 것이 아니라(고전
> 6:19)

> 이는 너희가 나를 사랑하고 또 나를 하나님께로서 온 줄 믿은
> 고로 아버지께서 친히 너희를 사랑하심이니라(요 16:27)

하나님은 우리의 아버지이십니다. 하나님은 우리를 사랑하시고 우
리와 교제하시기를 원하십니다. 하나님은 우리의 심령을 지성소로 삼
으시고 우리와 함께 거하십니다. 그리스도인들이 이것을 알 때 하나님
에 대한 그리스도인의 개념에 큰 혁명이 일어납니다. 그리스도인은 생
명 안에서 왕노릇 하는 사람들입니다. 그럼에도 불구하고 많은 사람들
이 종처럼 삽니다. 사탄의 포효 앞에 싸워보지도 못하고, 죄책감과 열
등감에 사로잡혀서 두려워 떨고 있습니다. 이제 나는 하나님의 자녀요
하나님은 나의 아버지시다고 고백하십시오. 그리하면 우리에게 놀라
운 변화가 일어나기 시작할 것입니다.

하나님은 예수 그리스도를 사랑하는 것처럼 우리들을 사랑하십니다.

많은 그리스도인들이 하나님을 추상적으로 알고 있습니다. 신학적인 예수 그리스도, 신학적인 하나님, 신학적 성령, 신학적 성서, 신학적인 사랑에 대해서 이야기를 합니다. 하나님이 예수님을 사랑하셨던 것처럼 나를 사랑하신다는 것을 잘 알지 못합니다.

> 곧 내가 저희 안에, 아버지께서 내 안에 계셔 저희로 온전함을 이루어 하나가 되게 하려 함은 아버지께서 나를 보내신 것과 또 나를 사랑하심같이 저희도 사랑하신 것을 세상으로 알게 하려 함이로소이다(요 17:23)

아버지께서 성자 예수 그리스도를 사랑하셨던 것만큼, 우리들을 사랑하신다는 뜻입니다. 이것이 정말 사실일까요?

필자는 개인적으로 처음 이 말씀을 대할 때 도저히 받아들이기가 어려웠습니다. 왜냐하면 저 자신이 너무나 부족하다고 생각했기 때문입니다. '나는 얼마나 허물이 많고 얼마나 무가치한 사람인가?' 라는 생각 때문에 하나님이 예수님을 사랑하시는 것처럼 나를 똑같이 사랑하신다는 말씀을 받아들이기가 매우 어려웠습니다. 그런데 하나님이 깨닫게 하셨습니다. '내가 의롭다고 하는 것을 네가 어찌 불의하다고 말할 수 있겠는가' 하나님이 '새로운 피조물이 되게 하셨는데 네가 어찌 아니라고 할 수 있겠는가' '내가 예수를 사랑하듯이 내가 너를 사랑하는데 네가 어찌 아니라고 말할 수 있느냐' 하는 것이었습니다. 저는 그동안 무지함과 인간의 생각에 사로잡혀 있었음을 깨달았습니다. '아버지여, 나의 무지함을 용서하여 주십시오' 하고 회개하였습니다.

> 너희 몸은 너희가 하나님께로부터 받은바 너희 가운데 계신 성령의 전인 줄을 알지 못하느냐 너희는 너희의 것이 아니라 값으로 산 것이 되었으니 그런즉 너희 몸으로 하나님께 영광을 돌리라(고전 6:19-20)

이 말씀을 통하여, '나는 예수님짜리이다. 하나님은 나의 아버지이시다. 하나님의 의가 나의 의가 되었다. 하나님이 예수님을 사랑하시듯이 나를 사랑하신다' 라고 고백하였습니다. 신앙의 큰 확신을 얻을 수 있었습니다. 구속의 은총에 대한 감사와 감격과 기쁨이 넘쳐흐르는 것을 경험할 수 있었습니다. 하나님은 아무아무개의 하나님이 아니라 나의 하나님이요, 나의 아버지가 되셨다는 사실을 실감하게 되었습니다. 기독교는 단지 종교가 아니라 하나님과 가족이 되는 사건임을 알게 된 것입니다. 이전에는 예수를 믿으면서도 영생이 나에게 어떤 의미가 있는지를 잘 알지 못했습니다. 그러나 이제는 하나님이 나의 아버지가 되시고, 나를 사랑하시고 돌보시며 지키시고 보호하시고 인도하신다는 사실을 느낄 수 있게 되었습니다.

아침에 일어나면 이렇게 기도합니다.

"성령님, 안녕하십니까? 또는 아버지 안녕하십니까? 지난밤도 함께 해 주시니 감사합니다. 오늘도 함께 해 주시니 감사합니다. 나와 함께 하시니 얼마나 감사한지 모르겠습니다. 아버지, 오늘도 나를 인도하소서. 가르쳐 주소서. 감독하여 주소서. 말씀하여 주소서. 온 마음을 다하여 따르겠습니다."

잠을 청하기 전에는 이렇게 기도합니다.

'아버지, 하루 종일 함께 해 주시니 감사합니다. 이 시간도 함께 해 주시니 감사합니다. 섬기는 교회와 가족과 모든 것을 맡깁니다. 이 밤도 함께하여 주소서'

죄는 하나님에 대한 올바른 개념을 잃어버리게 하였지만, 새로운 피조물은 우리가 믿는 하나님이 나의 아버지라는 사실을 알게 합니다.

아버지께서 예수님을 사랑하시는 것처럼 우리들을 똑같이 사랑하십니다. 이 얼마나 놀라운 일입니까? 아직도 하나님의 사랑을 알지 못하고 방황하시는 분은 없습니까? 주님께로 돌아오십시오. 그리고 아버지를 발견하십시오. 그리하면 방황이 끝날 것입니다. 삶에 놀라운 변화를 경험하게 될 것입니다.

포로된 자가 다스리는 자로

2차대전 당시 죽음의 수용소에 갇혀 있었던 〈요나단 웨인 라이트〉 장군이 어느 날 눈을 떴을 때, 일본 군대는 그림자도 보이지 않았고 수용소의 문은 활짝 열려 있었습니다. 그는 더 이상 죽음을 바라보는 자가 아니라 희망을 바라보는 자가 되었고, 포로가 아닌 자유의 몸이 되어 있었습니다. 그는 당시의 감격을 이렇게 말하고 있습니다. "나는 하룻밤 사이에 포로에서 총지휘관으로 바뀌었다. 죽음을 이기신 그리스도의 승리가 곧 우리의 승리라는 사도 바울의 말이 이해가 되었다. 미국의 승리는 우리 포로들의 승리인 것이다." 라고 하였습니다.

그리스도인에게도 세상에 대하여 이런 일이 일어났습니다. 실패하고 빼앗기고 포로 된 자리에서 해방되었습니다. 자유를 얻었습니다.

한 걸음 더 나아가 승리자요, 정복자요, 이기는 자요, 다스리는 자가 되었습니다. 그러나 불행하게도 많은 그리스도인이 이 사실을 알지 못하고 있습니다.

사탄과 귀신들은 예수님이 누구시며 어떤 분이신지를 잘 압니다. 예수도 자신이 누구인지 아셨고 사탄과 귀신들도 역시 그 사실을 알고 있었습니다. 사탄과 귀신들은 그리스도인이 누구이며 어떤 사람인지를 잘 알고 있습니다. 그러나 정작 그리스도인은 자신이 어떤 사람인지를 잘 알지 못하고 있습니다.

마가복음 5장에서 예수님이 거라사 지방에 가셨을 때 군대 귀신 들린 자가 예수님을 보고 달려오면서 소리를 질렀습니다.

"지극히 높으신 하나님의 아들 예수여 나와 당신과 무슨 상관이 있나이까? 하나님 앞에 맹세하고 나를 괴롭게 마옵소서." 하였습니다.

사도행전 16장에서 바울이 빌립보에서 기도하는 곳에 가다가 점치는 귀신들린 여자아이 하나를 만났습니다. 그 때 귀신이 바울을 바라보고 소리질렀습니다. "이 사람들은 지극히 높은 하나님의 종으로서 구원의 길을 너희에게 전하는 자라" 하였습니다. 바울이 귀신에게 나오라고 명하자 귀신이 즉시 나왔습니다. 이처럼 마귀와 귀신들은 예수님을 알고 그리스도인을 알고 있습니다. 그러나 그리스도인은 자신이 누구이며 어떤 사람인지를 잘 알지 못하고 있는 실정입니다.

그리스도인은 하나님의 의입니다.

> 하나님이 죄를 알지도 못하신 이를 우리를 대신하여 죄로 삼으
> 신 것은 우리로 하여금 그 안에서 하나님의 의가 되게 하려 하
> 심이라(고후 5:21)

과연 하나님의 의는 그리스도인과 사탄에게 무엇을 의미합니까?

하나님의 의는 사탄의 패배를 의미합니다.

예수님은 인류의 죄를 대신하여 죄가 되셨고, 인류를 대신하여 저
주를 받으셨습니다. 인류를 대신하여 심판을 받으셨으며, 죽임을 당하
셨습니다. 그리고 인류를 대신하여 음부에 내려가서서 사흘 낮과 밤
사망의 고통을 받으셨습니다.

이 십자가의 사건은 인류를 위한 사건일 뿐만 아니라 동시에 죄와
죄인을 심판하며 죄의 원흉인 사탄을 심판하신 사건입니다.

> 심판에 대하여라 함은 이 세상 임금이 심판을 받았음이라(요
> 16:11)

다니엘서 6장에 의하면, 메대의 다리오왕 당시 다니엘의 정적들이 다니엘을 시기하여 올무를 놓았습니다. 다니엘은 아무 죄 없이 사자굴 속에 던져졌습니다. 그런데 하나님이 사자의 입을 봉하심으로 다니엘은 건짐을 받았고, 반면에 다니엘을 죽이려 했던 자들이 사자굴속에 던져져서 죽임을 당하였습니다.

이처럼 마귀는 예수님을 십자가에 못 박아 죽게 하였으나, 하나님은 예수님을 죽은 자 가운데서 살리셨고, 예수님을 십자가에 못 박아 죽게 했던 사탄을 심판하셨습니다.

> 정사와 권세를 벗어버려 밝히 드러내시고 십자가로 승리하셨느니라(골 2:15)

예수님은 십자가에서 운명하신 후 그 영혼이 음부에 들어가셨습니다. 사망의 고통을 받으시고 하나님의 공의가 만족되는 순간 예수님은 영으로 의롭다 하심을 입으셨습니다. 영으로 의롭다 하심을 입은 순간, 사탄의 모든 권세와 능력을 물리치시사 죽음을 이기시며 부활하셨습니다. 그러므로 하나님의 의는 사탄에게 있어서 철저한 패배를 의미합니다.

하나님의 의는 그리스도인들에게 사탄의 지배자가 된 것을 의미합니다.

> 그들에게 자유를 준다 하여도 자신들은 멸망의 종들이니 누구든지 진 자는 이긴 자의 종이 됨이라(벧후 2:9)

인류는, 마치 이스라엘 백성들이 400여 년간 애굽에서 종살이 하면서 모든 것을 빼앗기고 소망이 없었던 것처럼, 마귀의 종노릇을 하였습니다. 율법의 저주 속에 살다가 심판을 받아 영원한 멸망에 이르는 존재가 되었습니다.

그런데 하나님이, 모세를 보내어 바로를 심판하시고 홍해를 건너 광야를 거쳐서 여호수아를 통해 가나안 7족속을 물리치시고 가나안 땅으로 인도하신 것처럼, 사탄을 정복하셨습니다. 율법의 저주에서 우리를 해방하셨습니다. 영생을 얻게 하시고 하나님의 자녀가 되게 하시며 그의 이름을 통해서 마귀를 지배하고 다스리는 자가 되게 하셨습니다. 세상을 이기는 자가 되게 하셨습니다.

첫째 아담이 인류의 대표자인 것처럼 둘째 아담인 예수님도 인류의 대표자입니다. 예수님께서 마귀를 정복하셨을 때 그리스도인도 예수님 안에서 마귀를 정복한 자가 되었습니다. 예수님이 사탄을 지배하고 다스리시듯이 그리스도인도 그리스도 이름으로 사탄을 지배하고 다스리는 권세 있는 자가 되었습니다.

> 자녀들아 너희는 하나님께 속하였고 또 그들을 이기었나니 이는 너희 안에 계신 이가 세상에 있는 자보다 크심이라(요일 4:4)

모든 슬픔과 고통과 불행보다 크신 하나님이 우리 안에 계심을 믿으십시오.

가난과 질병과 실패를 다스리시는 하나님이 내 안에 계심을 믿으십시오.

죄와 세상과 마귀를 정복하신 하나님이 내 안에 계심을 믿으십시오.

그리스도인이 예수님을 주님으로 고백하는 것은, 예수님이 믿는 자들의 주가 되실 뿐만 아니라, 믿는 자들 속에서 사탄을 지배하고 다스리는 자가 되셨다는 뜻입니다.

> 나의 하나님이 그리스도 예수 안에서 영광 가운데 그 풍성한 대로 너희 모든 쓸 것을 채우시리라(빌 4:19)

믿는 자들에게는 이런 표적이 따르리니 곧 그들이 내 이름으로 귀신을 쫓아내며 새 방언을 말하며 뱀을 집어올리며 무슨 독을 마실지라도 해를 받지 아니하며 병든 사람에게 손을 얹은즉 나으리라 하시더라(막 16:17-18)

그리스도인은 더 이상 포로된 자가 아닙니다. 사탄을 이긴 자요, 정복자요, 다스리는 자입니다. 가난과 질병을 다스리고 환경을 이기고 정복하며 모든 마귀의 역사를 물리치고 승리하시기 바랍니다.

하나님의 의는 그리스도인들이 주님의 가지가 되는 것을 의미합니다.

그리스도인은 영생을 선물로 받아 하나님의 자녀가 되며 하나님의 의가 되었습니다. 영생은 하나님의 본질입니다. 나무와 가지가 하나이듯이 그리스도인들은 주님과 하나가 되었습니다. 예수님이 새로운 창조이듯이 그리스도인은 새로운 피조물이 되었습니다. 예수님이 하나님의 의이신 것처럼 우리들도 그리스도 안에서 하나님의 의가 되었습니다. 예수님이 하나님의 상속자이듯이 우리도 예수님과 함께 하늘나라를 상속받는 상속자가 되었습니다. 예수님이 마귀를 지배하듯이 우리는 그리스도의 이름으로 사탄을 지배하고 다스리는 자가 되었습니다. 예수님이 세상에 계셨을 때 아버지와 교제하였듯이 우리도 주의 이름으로 하나님 아버지와 교제하는 자가 되었습니다. 예수님이 하늘과 땅의 모든 권세를 가지신 것처럼 우리들도 그리스도 예수 안에서 하늘과 땅, 모든 권세와 능력을 가진 자가 되었습니다. 예수님이 세상에 계실 때 역사하신 것처럼 우리는 예수님의 가지로서 하나님을 대신하여 일을 함으로 열매를 맺을 수 있는 사람이 되었습니다.

> 나는 포도나무요 너희는 가지라 그가 내 안에, 내가 그 안에 거하면 사람이 열매를 많이 맺나니 나를 떠나서는 너희가 아무 것도 할 수 없음이라(요 15:5)

예수님의 권세와 능력이 그리스도인의 권세와 능력이 되었습니다. 예수님께서 하나님의 보좌에 앉으신 순간 모든 권세와 능력을 교회에 주셨고, 교회는 그 권세와 능력을 가지고 주님을 대신하여 일함으로 열매 맺게 되었습니다.

하나님의 의는 무엇입니까?
사탄에 있어서 철저한 패배를 의미합니다. 사탄의 정복자요, 이긴 자가 되었음을 의미합니다. 예수님의 가지가 된 것을 의미합니다. 예수님을 대신하여 일을 하는 자로서 열매 맺는 자가 된 것을 의미합니다. 우리는 더 이상 사탄의 종이나 포로된 자가 아닙니다.

내가 너희에게 뱀과 전갈을 밟으며 원수의 모든 능력을 제어할 권능을 주었으니 너희를 해칠 자가 결코 없으리라(눅 10:19)

예수님의 이름으로 일어나십시오. 세상에 대하여 담대하십시오. 그 이름으로 정복하고 승리하십시오.

08 | 고린도전서 1장 9절
의를 통한 교제

하나님의 의는 사람이 죄책감과 열등감이 없이 하나님 앞에 담대히 설 수 있는 능력을 말합니다. 만약 그리스도인들이 하나님의 의를 소유하지 못하고 있다면 어떻게 하나님과 교제할 수 있겠습니까?

의는 교제의 기초입니다.

이 생명이 나타내신 바 된지라 이 영원한 생명을 우리가 보았고 증거하여 너희에게 전하노니 이는 아버지와 함께 계시다가 우리에게 나타내신 바 된 자니라 우리가 보고 들은 바를 너희에게 도 전함은 너희로 우리와 사귐이 있게 하려 함이니 우리의 사귐

은 아버지와 그 아들 예수 그리스도와 함께 함이라(요일 1:2-3)

영원한 생명은 예수님입니다. 예수 그리스도는 영원한 생명이 인간의 육체를 입으시고 나타나신 분입니다.

사도 요한이 이 영원한 생명을 증거한 이유가 무엇입니까?

그것은 아버지와 그 아들 예수 그리스도와 교제하게 하기 위함입니다. 만약 그리스도인들이 의를 소유하지 못한다면 사도 요한은 이 말씀을 증거할 수 없었을 것입니다. 왜냐하면 의는 하나님과 교제의 기초가 되기 때문입니다.

교제는 헬라어로 '코이노니아' Fellowship(교제)인데, 어떤 곳에서는 Communion(함께 함)이라고도 번역합니다. '교제'와 '함께 함'은 그 의미가 동일하며 서로 조화를 이루고 있는 상태입니다. 그러므로 '코이노니아'는 그리스도의 영과 성령님이 말씀을 통해서 완전한 일치와 조화를 이루고 있는 상태입니다. 그리스도인의 교제에는 아버지와 아들과 성령님과 말씀과 그리스도인들과의 교제가 있습니다. 특별히 이중에 가장 필요한 것은 말씀과의 교제입니다. 왜냐하면 우리는 말씀을 통하여 삼위일체 하나님과 교제하고 그리스도인들과 교제를 나눌 수 있기 때문입니다.

예수께서 대답하여 가라사대 기록되었으되 사람이 떡으로만 살
것이 아니요 하나님의 입으로 나오는 모든 말씀으로 살 것이라
하였느니라 하시니(마 4:4)

하나님의 말씀은 영혼의 양식입니다. 육체는 밥을 먹어야 하고 혼
은 지식을 습득해야 하는 것과 마찬가지로 영혼은 말씀을 먹어야 합니
다. 하나님의 말씀은 하나님으로부터 흘러 나와서 그리스도인들이 매
일 먹고 살 수 있게 하는 영원한 양식입니다. 그리스도인들은 말씀을
통하여 하나님과 교제하고 또한 아들의 역할을 책임지고 있습니다. 주
님과의 교제를 통하여 예수님을 대신하여 짐을 지고 삶의 문제를 담대
히 직면합니다.

또 여러 형제가 어린 양의 피와 자기의 증거하는 말을 인하여
저를 이기었으니 그들은 죽기까지 자기 생명을 아끼지 아니하
였도다(계 12:11)

위에서 언급한 '증거하는 말씀'은 그리스도인들의 믿음의 마음과
입술 속에 있는 하나님의 말씀을 의미합니다. 그리스도인은 말씀을 가
지고 하나님과 교제할 뿐만 아니라 말씀으로 세상을 이깁니다.

그리스도인의 교제는 하나님과의 교제를 전제로 합니다.

> 만일 우리가 하나님과 사귐이 있다 하고 어두운 가운데 행하면
> 거짓말을 하고 진리를 행치 아니함이거니와 저가 빛 가운데 계
> 신 것같이 우리도 빛 가운데 행하면 우리가 서로 사귐이 있고
> 그 아들 예수의 피가 우리를 모든 죄에서 깨끗하게 하실 것이요
> (요일 1:6-7)

교회를 세상에서 가장 아름다운 곳으로 만드는 것은 건물이 아닙니
다. 하나님의 사랑으로 서로 교제하고 예수 그리스도와 교제하는데 있
습니다. 만약 우리가 어떤 형제에 대해서 죄를 지으면 그 순간 하나님
과의 교제를 깨뜨리게 됩니다. 하나님과의 교제를 깨뜨리게 될 때 어
두움 가운데 빠지게 되고, 그 죄를 하나님께 자백하기 전에는 어두움
에서 나올 수 없습니다. 이것이 '그리스도인의 교제는 하나님과의 교
제를 전제로 한다' 는 뜻입니다.

> 만일 우리가 우리 죄를 자백하면 저는 미쁘시고 의로우사 우리 죄
> 를 사하시며 모든 불의에서 우리를 깨끗케 하실 것이요(요일 1:9)

우리가 하나님 아버지께 죄를 자백하면 하나님께서 죄를 용서하시고 우리를 깨끗하게 하시며 의를 회복시켜 주십니다. 만약 어떤 사람이 "나는 하나님과의 교제를 잃어버렸습니다. 그러나 나는 죄를 짓지 않았습니다."고 말한다면 이는 무지하거나 자기를 속이고 있는 것입니다. 왜냐하면 하나님은 우리가 죄를 짓지 않는 한 하나님과의 교제를 철회하지 않으시기 때문입니다.

> 만일 우리가 죄 없다 하면 스스로 속이고 또 진리가 우리 속에 있지 아니할 것이요(요일 1:8)

그리스도인은 더 이상 하나님과의 교제를 상실한 채 지체할 이유가 없습니다. 요한일서 1장 9절의 말씀대로 행할 때 하나님은 우리에게 의를 회복시켜 주십니다. 한 번도 죄를 짓지 않은 것처럼 하나님 앞에 서게 하십니다. 종교나 철학이나 인간의 행위가 사람을 의롭게 하거나 하나님과의 교제를 가능케 할 수 없습니다. 그것들로는 죄책감 없이 하나님 앞에 나아갈 수 없습니다. 오직 하나님의 생명으로 거듭날 때만이 가능합니다. 하나님의 의가 나의 의가 될 때 가능합니다. 우리는 언제 하나님의 의가 됩니까? 예수 그리스도를 나의 주님 나의 하나님으로 영접하는 순간에 의를 가지게 됩니다. 하나님 앞에 담대히 나아갈 수 있게 됩니다. 하나님과 교제하는 길이 열리게 됩니다. 죄를 자백할 때 하나님의 의가 회복되며 하나님과의 교제가 회복됩니다.

주님의 몸인 교회는 하나님의 의를 소유하고 있습니다.

교회는 하나님의 의에 의하여 창조되었습니다. 하나님의 의는 하나님의 성품으로서, 교회는 하나님의 성품에 참여한 주님의 몸 입니다.

> 그의 신기한 능력으로 생명과 경건에 속한 모든 것을 우리에게 주셨으니 이는 자기의 영광과 덕으로써 우리를 부르신 자를 앎으로 말미암음이라 이로써 그 보배롭고 지극히 큰 약속을 우리에게 주사 이 약속으로 말미암아 너희로 정욕을 인하여 세상에서 썩어질 것을 피하여 신의 성품에 참여하는 자가 되게 하려 하셨으니(벧후 1:3-4)

신의 성품은 사랑이며 의입니다. 또한 신의 성품은 거룩하고 흠이 없으며 책망할 것이 없습니다.

전에 악한 행실로 멀리 떠나 마음으로 원수가 되었던 너희를 이
제는 그의 육체의 죽음으로 말미암아 화목케 하사 너희를 거룩
하고 흠 없고 책망할 것이 없는 자로 그 앞에 세우고자 하셨으
니(골 1:21-22)

예수님은 우리를 대신하여 이 일을 거듭난 순간부터 시작하셨습니
다. 하나님은 지금 하나님 자신을 우리 안에서 재생산하고 계십니다.
하나님의 성품을 우리 안에서 만들어 가고 계십니다. 하나님의 뜻을
행하도록 모든 선한 것을 우리 안에서 온전케 하십니다.

너희 속에 착한 일을 시작하신 이가 그리스도 예수의 날까지 이
루실 줄을 우리가 확신하노라(빌 1:6)

너희 안에서 행하시는 이는 하나님이시니 자기의 기쁘신 뜻을
위하여 너희로 소원을 두고 행하게 하시나니(빌 2:13)

하나님의 깊은 뜻이 무엇입니까? 우리를 하나님 앞에 거룩하고 흠
없고 책망할 것이 없는 자로 세우는 것입니다.

양의 큰 목자이신 우리 주 예수를 영원한 언약의 피로 죽은 자 가운데서 이끌어 내신 평강의 하나님이 모든 선한 일에 너희를 온전케 하사 자기 뜻을 행하게 하시고 그 앞에 즐거운 것을 예수 그리스도로 말미암아 우리 속에 이루시기를 원하노라 영광이 그에게 세세 무궁토록 있을지어다 아멘(히 13:20-21)

그리스도인은 하나님의 성품에 참여한 자입니다. 매일의 삶 속에서 새사람의 행위를 입어야 합니다. 더 이상 옛사람의 행위나 말을 해서는 안 됩니다. 옛사람은 이기주의와 탐욕과 실패와 두려움 속에서 살았던 사람입니다. 반면 새사람은 하나님의 성품으로 살고, 하나님의 사랑으로 사는 사람입니다. 옛사람과 새사람은 하나님과 마귀가 극과 극이 듯이 전혀 다른 사람입니다.

그런즉 누구든지 그리스도 안에 있으면 새로운 피조물이라 이전 것은 지나갔으니 보라 새 것이 되었도다(고후 5:19)

그러므로 사랑을 입은 자녀같이 너희는 하나님을 본받는 자가 되고 그리스도께서 너희를 사랑하신 것같이 너희도 사랑 가운데서 행하라 그는 우리를 위하여 자신을 버리사 향기로운 제물

과 생축으로 하나님께 드리셨느니라(엡 5:1-2)

하나님은 사랑이십니다. 사랑은 믿는 자의 규범이요 규칙입니다. 사랑은 보복하지 않습니다. 사랑은 불친절하지 않습니다. 사랑은 비방하지 않고 소문을 퍼뜨리지도 않습니다. 사랑의 말을 하며 타인의 유익을 구합니다. 사랑은 우리의 삶에 힘을 주고 삶을 아름답게 가꿉니다. 사랑은 주님께서 사셨던 것처럼 그리스도인들을 살게 합니다. 이것이 우리 안에 있는 하나님의 의요 그리스도인들의 삶의 실체이고, 교회가 하나님의 의를 소유하고 있다는 말의 실체입니다.

하나님이 우리를 사랑하시는 사랑을 우리가 알고 믿었노니 하나님은 사랑이시라 사랑 안에 거하는 자는 하나님 안에 거하고 하나님도 그 안에 거하시느니라 이로써 사랑이 우리에게 온전히 이룬 것은 우리로 심판 날에 담대함을 가지게 하려 함이니 주의 어떠하심과 같이 우리도 세상에서 그러하니라(요일 4:16-17)

하늘에 계신 주님처럼 우리도 세상에서 그러하다는 뜻입니다.

의는 교제의 기초입니다. 그리스도인들의 교제는 하나님과의 교제를 전제로 합니다. 교회는 하나님의 의를 소유하고 있습니다. 그러므로 하나님을 본받는 자가 되십시오. 그리하면 우리가 하나님 앞에서 거룩하고 흠 없고 책망할 것이 없는 자로 나타날 것입니다.

09 | 히브리서 9장 11절-15절
두 언약과 두 종류의 의

두 언약과 두 종류의 의는 무엇을 말합니까?

두 언약은 옛 언약과 새 언약으로, 옛 언약은 구약 시대 하나님께서 모세를 통하여 이스라엘 백성들에게 주신 언약을 말하며, 새 언약은 예수 그리스도를 통하여 온 인류에게 주신 언약을 말합니다.

두 종류의 의는 제한적인 의와 무제한적 의로 말하는데, 제한적인 의는 옛 언약 아래에서 이스라엘 백성들에게 주신 의를 말하고, 무제한적 의는 새 언약 아래에서 예수 그리스도를 통해서 주어진 의를 말합니다.

어떻게 하면 그리스도인들이 하나님의 의를 풍성하게 누릴 수 있습니까?

구약 시대 하나님의 사람들은 첫 언약 하에서 제한된 의를 가지고도 놀라운 일을 하였습니다.

제한된 의란 짐승의 피로 속죄제사를 드리는 것을 말하며 해마다 같은 제사를 드렸습니다. 제사장이 죽으면 다른 제사장을 세웠습니다. 지성소에는 1년에 한 차례씩 대제사장이 종의 신분으로 피를 들고 들어갈 수 있었습니다. 이스라엘 백성들에게만 적용되었습니다. 예수님이 오실 때까지 죄를 덮어 두었을 뿐 죄가 없어지는 것이 아니었습니다. 죄를 용서받았으나 오늘날의 그리스도인들처럼 거듭나지 못하였습니다. 그럼에도 불구하고 구약의 사람들은 제한된 의를 가지고도 놀라운 역사를 감당하였습니다.

아브라함은 할례를 행함으로 여호와 하나님과 더불어 피의 언약을 맺었습니다. 하나님은 아브라함에게 제한된 의를 주셨습니다.

창세기 18장에서 아브라함은 제한된 의 아래에서 하나님 앞에 소돔과 고모라를 위하여 중보 기도를 하였습니다.

모세는 하나님 앞에서 종의 위치에서도 하나님께 복종하였고 히브리 민족을 위하여 놀라운 일을 행하였습니다. 하나님이 주신 능력으로 지팡이를 가지고 열 가지 이적을 행함으로 바로를 굴복시키고 홍해를 가르고 이스라엘 백성들을 인도하였습니다.

여호수아는 이스라엘 백성을 요단강으로 인도하였습니다. 법궤를 맨 제사장들에게 요단강에 들어가라고 명령하였습니다. 그들이 요단강 물을 밟고 서자 흐르던 물이 멈추고 쌓였습니다.

여호수아가 아모리 사람들과 전쟁을 할 때 "태양아 너는 기브온 위에 머무르라 달아 너도 아얄론 골짜기에 그리할지어다"고 외치자, 적을 무찌를 때까지 태양이 중천에 머물러 종일토록 내려가지 않았습니다.

엘리야는 갈멜산에서 바알 선지자 450명과 함께 영적 대결을 하였습니다. 그가 기도하자 하늘에서 불이 내려왔고, 가뭄으로 갈라진 땅에 단비가 내렸습니다. 그는 자연의 법칙을 다스렸습니다. 하지만 엘리야 역시 종의 위치에 있었고 제한된 의를 가진 사람이었습니다.

다니엘과 히브리 세 청년들, 다윗과 이스라엘의 용맹한 장수들, 성경에 기록되어 있는 하나님의 사람들에 대하여 이야기 하자면 시간이 부족할 것입니다.

그들은 제한된 의를 가진 사람들이었습니다. 그럼에도 불구하고 그들의 역사는 얼마나 불가사의합니까? 그들은 그리스도인들처럼 거듭난 사람들이 아니었습니다. 짐승의 피에 의하여 드려진 속죄제사에 의하여 의롭다고 간주되었을 뿐입니다. 그리스도인들처럼 믿음으로 행동하는 것이 아니었습니다. 그들은 천사를 보았고 천사의 음성을 들은 대로 순종하였습니다. 다시 말하면, 그들은 감각의 영역에서 살았습니다. 그러나 한 가지 놀라운 것은 비록 천사가 전해준 말이라 할지라도 그들이 철저히 복종했다는 것입니다.

신약의 그리스도인들은 새 언약에 의하여 무제한적 의를 가진 사람들입니다.

구약의 의가 짐승의 피를 가지고 제사를 드렸다면, 신약의 무제한적 의인 예수 그리스도의 피로써 제사를 드렸습니다. 구약의 의는 해마다 같은 제사를 반복하였지만, 신약의 무제한적인 의는 예수 그리스도로 말미암아 단번에 영원한 제사를 드렸습니다.

구약의 의는 짐승의 피로 죄를 덮어두고 용서를 받았으나, 신약의 무제한적인 의는 예수의 피로 죄를 없이 하고 사람들에게 생명을 주어 거듭나게 하였습니다. 구약의 의는 종의 신분이었지만 신약의 무제한적인 의는 우리를 거듭나게 하여 하나님 자녀의 신분을 얻게 하였습니다.

구약의 의는 이스라엘 백성들에게 한정되었으나 신약의 무제한적인 의는 온 인류에게 미치는 하나님의 의입니다.

그리스도인들이 가지고 있는 의에 대한 하나님의 평가는 무엇입니까?

그리스도인은 하나님의 자녀들로 무한한 가능성을 가지고 있습니다. 예수님은 하나님의 아들과 딸인 그리스도인의 모범입니다. 예수 그리스도를 통하여 그리스도인이 가진 하나님의 의의 무한한 가능성을 찾아볼 수 있습니다.

> 내가 진실로 진실로 너희에게 이르노니 나를 믿는 자는 나의 하는 일을 저도 할 것이요 또한 이보다 큰 것도 하리니 이는 내가 아버지께로 감이니라(요 14:12)

예수님은 그리스도인에게 예수의 이름을 사용할 수 있는 합법적 권리를 주셨습니다. 그리고 제자들에게 주신 지상 명령에서 그 이름의 능력을 분명히 하셨습니다.

> 믿는 자들에게는 이런 표적이 따르리니 곧 저희가 내 이름으로 귀신을 쫓아내며 새 방언을 말하며(막 16:17)

만약 우리가 하나의 귀신을 쫓을 수 있다면 모든 귀신을 쫓을 수 있을 것입니다. 만약 우리가 마귀를 지배할 수 있다면 마귀의 모든 역사를 정복할 수 있을 것입니다. 하나님의 의는 그리스도인이 하나님 앞에서 죄책감이나 열등감이 없이 담대히 설 수 있는 능력을 의미할 뿐만 아니라, 동시에 사탄 앞에서도 아무런 두려움 없이 설 수 있는 능력을 줍니다.

> 예수께서 나아와 일러 가라사대 하늘과 땅의 모든 권세를 내게 주셨으니 그러므로 너희는 가서 모든 족속으로 제자를 삼아 아버지와 아들과 성령의 이름으로 세례를 주고 내가 너희에게 분부한 모든 것을 가르쳐 지키게 하라 볼지어다 내가 세상 끝날까지 너희와 항상 함께 있으리라 하시니라(마 28:18-20)

이 말씀은 예수님 자신을 위한 말씀이 아니라 교회를 위하여 주신 말씀입니다. 예수님은 사람들을 죄와 정죄함으로부터 자유롭게 하셨습니다. 사탄의 권세를 깨뜨리시고, 사탄의 지배하에 있는 모든 사람들에게 해방을 주셨습니다. 병든 자를 고치셨습니다. 하나님의 교회를 예수님이 있어야 할 자리에 대신 세워주시고, 예수님은 행하신 것을 교회로 하여금 대신 행할 수 있도록 하셨습니다. 그러나 교회는 자신의 위치를 모르고 있습니다. 예수님을 대신하여 행동해야 된다는 사실을 깨닫지 못하고 두려움으로 가득 차 있습니다. 자신의 연약함과 실패에 익숙해 있기 때문에 오히려 그런 것들이 그리스도인들의 의식을 지배하고 있습니다.

> 자녀들아 너희는 하나님께 속하였고 또 저희를 이기었나니 이
> 는 너희 안에 계신 이가 세상에 있는 이보다 크심이라(요일 4:4)

교회는 이 말씀의 의미가 무엇인지 잘 알지 못하고 있습니다. 우리 안에 계신 분이 누구입니까? 전능하신 하나님이 우리 안에 거하고 계십니다. 하나님이 우리와 함께 하시며, 우리를 위하여 역사하고 계십니다. 하나님이 우리 안에 계시다는 것은 능력에 대한 보장을 뜻하고, 우리와 함께 하신다는 것은 안전에 대한 보장을 뜻하며, 우리를 위하신다는 것은 그리스도인들의 성공을 보장하는 말씀입니다. 그러므로 그리스도인은 세상을 이긴 자요, 지배하는 자요, 정복자입니다.

> 평강의 하나님께서 속히 사단을 너희 발 아래서 상하게 하시리
> 라(롬 16:20)

> 내가 너희에게 뱀과 전갈을 밟으며 원수의 모든 능력을 제어할
> 권세를 주었으니 너희를 해할 자가 결단코 없으리라(눅 10:19)

그리스도인은 생명 안에서 왕노릇 하는 사람들입니다. 하나님은 예수 그리스도를 세상 모든 나라를 다스리는 머리로 세우셨습니다. 교회는 영적인 힘을 통해 세상에서 일어나는 모든 문제와 일들에 대해 인류를 위하여 다스려야 합니다.

그리스도인은 무제한적인 의를 소유하고 있습니다. 하나님은 그리스도인들을 예수님을 대신하는 자리에 세워 두셨고, 예수님을 대신하여 역사하도록 하셨습니다. 그러므로 그리스도인들은 이 세상의 어둠과 미움과 이기주의에서 자신의 위치를 회복해야 합니다.

그리스도인들에게 하나님의 의를 제한하는 것은 무엇입니까?

그리스도인은 하나님이 자신의 의이며 힘이신 것도 압니다. 자신이 하나님의 능력을 가지고 있다는 것도 알고, 모든 필요의 채우심도 압니다. 자신의 입술에 있는 하나님의 말씀이 병든 자를 고치고, 연약한 자를 강하게 하고, 불신자들의 영혼을 일깨워서 그들이 구원을 얻을 수 있는 말씀을 제시할 수 있다는 것도 압니다.

그런데 왜 행동하지 못합니까? 마음이 변화를 받지 못하였기 때문입니다. 그리스도인이 거듭나는 순간 실로 상상할 수 없는 하나님의 위대한 유산이 그 영혼에 주어집니다. 그럼에도 불구하고 많은 그리스도인들이 이 사실을 알지 못합니다. 여전히 믿음이 없을 때의 사고방식에 묶여 있습니다. 감각과 이성이 우리를 지배하는 한 하나님의 말씀은 능력을 발휘할 수 없습니다.

> 너희는 이 세대를 본받지 말고 오직 마음을 새롭게 함으로 변화를 받아 하나님의 선하시고 기뻐하시고 온전하신 뜻이 무엇인지 분별하도록 하라(롬 12:2)

우리는 예수님 안에서 주어진 나의 위치가 무엇인가를 알아야 하고, 예수님이 우리에게 주신 영적 유산의 방대함이 무엇인가를 알아야 합니다. 그래서 마음의 변화를 받아야만 합니다.

하나님의 의를 누리지 못하는 또 다른 이유는 그리스도인이 자신의 위치를 모르고 말씀을 행동에 옮기지 않기 때문입니다. 위기에 처하면 사람들은 하나님을 의지할 줄 모르고 도와줄 사람을 찾습니다. 예수의 이름을 사용할 줄도 모르고, 자신이 그리스도 안에서 어떤 사람인 것을 잊어버리고 맙니다. 왜 그렇습니까? 자신에게 주어진 위치를 모르기 때문입니다. 그리스도 안에서 주어진 자신의 위치를 담대하게 고백할 줄 모르고 하나님의 말씀을 행동에 옮기지 못하기 때문입니다.

그리스도께서 우리로 자유케 하려고 자유를 주셨으니 그러므로 굳세게 서서 다시는 종의 멍에를 메지 말라(갈 5:1)

'하나님 아버지! 자유를 얻게 하여 주시옵소서' 라고 기도할 일이 아닙니다. 우리는 예수 안에서 이미 자유자입니다. 그러므로 믿음에 굳게 서야 합니다. 그리스도 안에 있는 자신의 위치를 알고 그것을 담대하게 고백하며, 말씀을 행동으로 옮길 때 의의 놀라운 열매를 맺습니다.

영혼 없는 몸이 죽은 것같이 행함이 없는 믿음은 죽은 것이니라 (약 2:26)

구약의 의가 제한적인 의라면 신약의 의는 무제한적인 의입니다. 구약시대 사람들은 제한적인 의를 가지고도 엄청난 일을 하였으며 불가사의한 일을 감당하였습니다. 그렇다면 신약시대 무제한적인 의를 가진 우리는 어떻게 해야 되겠습니까? 마음의 변화를 받아야 합니다. 담대히 고백하며 하나님의 말씀을 행동으로 옮겨야 합니다.

10 | 빌립보서 1장 11절
의의 열매

사도 바울은,

> 심는 자에게 씨와 먹을 양식을 주시는 이가 너희 심을 것을 주
> 사 풍성하게 하시고 너희 의의 열매를 더하게 하시리니(고후
> 9:10)

라고 하였습니다. 의의 열매는 무엇을 말합니까? 하나님의 의는 경험이 아니라 상태입니다. 하나님의 생명은 의이고, 그리스도인은 이 생명을 가짐으로 하나님의 의가 되었습니다. 그러므로 하나님의 의를 가지고 움직일 때 열매를 맺는데, 우리는 이것을 의의 열매라고 합니다. 우리는 예수 그리스도의 삶을 통해서 의의 열매를 볼 수 있습니다.

의의 열매는 올바른 행동뿐만 아니라, 하나님의 뜻을 행하고 하나님의 말씀을 전하며 그 말씀을 증명하는 것입니다. 주님께서는 병든 자를 고치시고 오병이어로 무리를 먹이시며 사람에 대한 하나님의 사랑을 여러 가지 모양으로 나타내셨습니다. 만약 그리스도인이 의의 열매를 맺는다면 이와 같을 것입니다.

> 나는 포도나무요 너희는 가지니 저가 내 안에, 내가 저 안에 있으면 이 사람은 과실을 많이 맺나니 나를 떠나서는 너희가 아무것도 할 수 없음이라(요 15:5)

포도나무로부터 뻗어나온 가지는 똑같은 열매를 맺습니다. 왜냐하면 가지와 포도나무는 하나이기 때문입니다. 그리스도인의 삶 속에서 나타나는 의의 열매는 주님처럼 병든 자를 고치는 것입니다. 말씀을 풀어 공개하는 것입니다. 사람들을 억압하는 원수의 능력을 파하는 것입니다. 하나님의 뜻 가운데서 사는 방법을 가르치는 것입니다. 하나님이 그리스도인에게 주신 모든 은혜의 풍성함을 어떻게 누릴 수 있는지 전하는 것입니다. 매일 하나님과의 두려움 없는 교제의 삶을 보여주는 것입니다. 원수와 원수의 역사에 대하여 두려움 없는 태도를 보여주는 것입니다. 환경을 두려워하지 않고 정복하는 삶을 보여주는 것입니다. 우리는 사랑과 믿음과 지식의 열매에 대해서는 잘 알고 있습니다. 그러나 의의 열매에 대해서는 잘 알지 못합니다.

하나님의 의는 그리스도인이 하나님 앞에서 죄책감이나 열등감이 전혀 없이 담대히 설 수 있는 능력을 의미합니다.

> 그러므로 우리가 긍휼하심을 받고 때를 따라 돕는 은혜를 얻기
> 위하여 은혜의 보좌 앞에 담대히 나아갈 것이니라(히 4:16)

그리스도인이 하나님의 의가 없다면 어떻게 하나님 앞에 담대히 나아갈 수 있겠습니까? 만약 우리 자신에게 주어진 하나님의 의가 무엇인지 알고, 그것을 의식할 수 있다면, 우리는 굉장한 일을 할 수 있으며 어떤 질병 앞에서도 두려워하지 않습니다.

예수님 공생애의 사역은 의의 열매였습니다. 주님께서는 하나님 아버지를 두려워하지 않습니다. 사탄을 두려워하지 않습니다. 어떤 질병도, 심지어 죽음조차 두려워하지 않았습니다. 사람들의 마음을 공포로 가득 채웠던 폭풍 앞에서도 결코 두려워하지 않았습니다. 어떤 상황에도 담대하셨을 뿐만 아니라 지배하고 다스리시는 모습을 보여주셨습니다.

사람들은 말합니다. "나는 무가치합니다." "나는 믿음이 없습니다."

"나는 가난하며 약합니다." "만약 믿음을 가지고 있다면 질병을 떨어버리고 건강한 몸으로 일어날 수 있을 텐데…"라고 말합니다. 왜 그렇습니까? 죄 의식이 그를 점령하고 있기 때문입니다. 그들은 그리스도인입니다. 그들은 죄사함을 받았으며 하나님 앞에 의롭다 함을 받았다고 말합니다. 그들 중 어떤 사람들은 한 걸음 더 나아가, "나는 성령을 받았습니다." "나는 방언을 말합니다." 라고 말합니다. 그러나 여전히 그들은 죄책감에 의해 지배를 받고 있습니다. 왜 그렇습니까? 하나님의 말씀이 그들에게 실재가 되지 못하였기 때문입니다. 비록 때때로 여기저기서 하나님 말씀의 실재를 보기는 합니다만, 교회는 여전히 이 부분을 발굴하고 개척해야 할 필요가 있습니다. 하나님은 예수님이 의의 열매를 맺으신 것처럼, 우리들도 그리스도 예수 안에서 의의 열매를 맺기 원하십니다.

문제는 어디에 있습니까? '과연 하나님은 원수의 손에서 인간을 구속하셨는가? 거듭나게 하셨으며, 새로운 피조물이 되게 하셨는가? 지금까지 지은 모든 죄를 없이 할 수 있겠는가?', '과연 하나님은 자연인의 속에 있는 죄의 성품을 제거하고 그 자리에 하나님 자신의 성품을 주어서, 하나님 앞에 죄책감이나 열등감 없이 서게 할 수 있는가?' 하는 문제입니다.

하나님은 이 모든 문제를 해결하셨고, 이 은혜를 인류에게 선물로 주셨습니다.

하나님은 일찍이 사도 바울을 통하여 이 놀라운 복음을 제시하셨습니다. 4복음서와 사도행전에서는 이 사실을 발견할 수 없습니다. 바울은 그가 받은 계시를 통하여, 사람들이 예수 그리스도를 구세주와 구속자로 믿는 믿음으로 말미암아 하나님의 의가 가능하게 되었음을 선포하고 있습니다.

> 곧 이 때에 자기의 의로우심을 나타내사 자기도 의로우시며 또한 예수 믿는 자를 의롭다 하려 하심이니라(롬 3:26)

하나님이 믿는 자의 의가 되시는 순간, 그리스도인은 더 이상 정죄함이 없습니다. 의롭다 하시는 분이 하나님이시기 때문에 아무도 우리를 송사할 수 없습니다.

> 그러므로 이제 그리스도 예수 안에 있는 자에게는 결코 정죄함이 없나니(롬 8:1)

> 누가 능히 하나님의 택하신 자들을 송사하리요 의롭다 하신 이는 하나님이시니(롬 8:33)

믿는 자가 새로운 피조물이 되는 순간, 죄와 사탄과의 연합에서 벗어나 하나님과 연합하게 되었고 영생과 새 성품으로 대치됩니다. 하나님 앞에 담대하게 설 수 있게 됩니다. 하나님의 아들 예수 그리스도의 보혈이 모든 죄를 씻어 버립니다. 죄를 한 번도 짓지 않은 것처럼 하나님 앞에 설 수 있게 만들어 줍니다. 예수님은 그 입술에 있는 하나님의 말씀을 믿으셨던 것처럼, 그리스도 안에서 하나님의 의가 된 사람들도 자신의 입술에 있는 하나님의 말씀과 그리스도의 권세와 능력을 믿을 수 있게 되었습니다.

> 나는 아버지께서 내게 주신 말씀들을 저희에게 주었사오며 저희는 이것을 받고 내가 아버지께로부터 나온 줄을 참으로 아오며 아버지께서 나를 보내신 줄도 믿었사옵나이다(요 17:8)

예수님은 3년 반 동안의 공생애 기간에 어떻게 사역하셨습니까? 하나님의 말씀을 가지고 귀신을 쫓으셨으며 병든 자들을 고치시고, 말씀을 통하여 환난 당한 자들을 위로하시고, 어려움 당한 자들을 도우셨습니다. 말씀을 가지고 오병이어로 오천 명을 먹이고 열두 광주리를 남게 하셨습니다. 말씀을 가지고 물로 포도주를 만드시고 노한 풍랑을 잠잠하게 하셨습니다.

하나님께서는 말씀으로 모든 세계와 그 중에 있는 만물을 지으셨고, 이 말씀을 믿는 자들에게 주셨습니다. 하나님의 의를 가진 사람들은, 예수님이 말씀으로 사역하셨던 것처럼 동일한 사역을 할 수 있게 되었습니다.

오직 그 말씀이 네게 심히 가까와서 네 입에 있으며 네 마음에 있은즉 네가 이를 행할 수 있느니라(신 30:14)

사람이 마음으로 믿어 의에 이르고 입으로 시인하여 구원에 이르느니라(롬 10:10)

그리스도인은 말씀으로 사는 사람입니다. 그리스도인은 더 이상 종이 아니라 다스리는 사람입니다. 그리스도인은 그리스도 안에서 하나님의 의가 된 사람들입니다.

너희는 하나님께로부터 나서 그리스도 예수 안에 있고 예수는 하나님께로서 나와서 우리에게 지혜와 의로움과 거룩함과 구속함이 되셨으니(고전 1:30)

의의 열매는 병든 자를 치유하며 인간을 억압하는 사탄의 권세를 파하는 것입니다. 또한 하나님의 말씀을 전하는 것입니다. 우리가 하나님의 의가 되는 순간 성령님은 믿는 자들 속에 거하시고 우리의 보혜사가 되십니다. 말씀은 우리의 양식이 되고 교육이 됩니다. 그러므로 그리스도인은 하나님의 말씀을 숙독하여야만 합니다. 이렇게 할 때, 성령님은 하나님의 말씀이 믿는 자들 속에서 살아 움직이는 말씀이 됩니다.

우리는 더 이상 하나님을 두려워하지 않습니다. 왜냐하면 하나님은 믿는 자들의 아버지이시기 때문입니다. 이는 마치 자식이 부모에게 나아가는 것과 같습니다. 우리는 그의 임재 안에서 평안과 안식을 누리며 사람들이 알지 못하는 기도의 자유를 갖고 있습니다. 왜냐하면 우리는 자신의 위치를 알고 그 위치에 머물러 있기 때문입니다. 주님은 믿는 자의 능력이시며 충만이시며 거룩이시며 구속함이 되셨습니다. 주님은 지금도 무지와 실패와 가난과 질병과 연약함과 우리를 속박하는 모든 악한 습관들로부터 구속하고 계십니다. 이 모든 것이 하나님의 은혜로 주어졌습니다.

그리스도인은 그리스도 안에서 하나님의 의가 된 사람들입니다. 하나님께서는 예수님께서 의의 열매를 맺으신 것처럼, 가지된 우리도 의의 열매를 맺기 원하십니다. 주님은 사탄의 권세에서 우리를 구속하셨습니다. 그리스도인은 더 이상 종이 아니라 자유자입니다. 이긴 자요, 정복자요, 승리자요, 다스리는 자가 되었습니다. 그리스도인 안에 성령님이 거하십니다.

하나님은 그리스도인들에게 말씀을 주셨습니다. 그리스도인 안에 성령님이 거하십니다. 믿는 자는 그리스도의 권세와 능력을 가지고 있습니다. 그러므로 담대하십시오. 하나님의 의를 실천함으로 의의 열매를 맺도록 하십시오. 그리하면 우리 모두가 하나님의 영광과 찬송이 될 것입니다.

11 | 요한복음 14장 23절
의의 실재

하나님의 의는 그리스도인에게 마치 신용카드와 같습니다. 하나님은 우리를 의롭게 만드셨고, 하나님 자신이 믿는 자의 의가 되시며 그리스도를 믿는 자의 의가 되게 하셨습니다.

그리스도인은 하나님의 의 안에서 성장하는 것이 아니라, 하나님의 의가 자신에게 무엇을 의미하는지를 앎을 통해서 성장하게 됩니다. 그러나 많은 그리스도인은 그리스도 안에서 자신들에게 주어진 하나님의 의를 믿지 못하고 있습니다. 소수의 사람만이 자신에게 주어진 하나님의 의를 이해하고 그 사실을 받아들이고 있습니다. 많은 사람이 하나님이 이루어 놓으신 것들을 믿지 않고, 오히려 가난과 실패와 질병과 나약함에 대한 믿음을 가지고 있습니다.

예수님을 믿으면서도 이 얼마나 불행한 일입니까? 그리스도인은 그리스도 안에 있는 자신의 의를 통해서 하나님 앞에 자신에게 주어진 의와 위치를 확신하지 않고서는, 결코 자신과 다른 사람을 축복할 수 있는 믿음을 가질 수 없습니다.

믿음은 죄 의식에 의해서 파괴되고 의(義) 의식을 통하여 세워집니다. 이러한 의(義) 의식을 통하여 그리스도인은 놀라운 믿음의 사람으로 자라납니다.

믿음의 문제는 그리스도인이 하나님의 말씀을 어떻게 평가하느냐에 달려 있습니다.

만약 그리스도인이 하나님의 말씀을 낮게 평가한다면 그의 믿음은 연약하고 흔들릴 것입니다. 반면 하나님의 말씀을 믿고 전적으로 의지하며, '하나님은 거짓말 하실 수 없다' 라는 사실을 알게 될 때 그의 믿음은 강해질 것입니다.

> 하나님은 사람이 아니시니 거짓말을 하지 않으시고 인생이 아니시니 후회가 없으시도다 어찌 그 말씀하신 바를 행하지 않으시며 하신 말씀을 실행하지 않으시랴(민 23:19)

우리가 하나님은 거짓말 하실 수 없는 분이라고 말을 할 때 이것은 하나님의 말씀은 거짓일 수 없다는 뜻입니다. 우리가 하나님을 영접한다는 것은 하나님의 말씀을 영접하는 것이요, 하나님과 교제한다는 것은 하나님의 말씀과 더불어 교제하는 것을 말합니다.

왜냐하면 하나님의 말씀은 곧 하나님이시기 때문입니다. 하나님은 말씀과 함께 계시고 말씀 속에 계시고 말씀의 배후에 계시기 때문입니다.

태초에 말씀이 계시니라 이 말씀이 하나님과 함께 계셨으니 이 말씀은 곧 하나님이시니라(요 1:1)

그 안에 생명이 있었으니 이 생명은 사람들의 빛이라(요 1:4)

하나님의 말씀은 그리스도인과의 계약이요, 피로써 맺은 언약이요, 믿는 자들이 반드시 이행해야 할 문서입니다. 하나님의 말씀은, 그리스도인이 말씀을 따라서 움직일 때, 살아서 역사하는 말씀이 됩니다. 만약 그리스도인이 하나님의 말씀을 신뢰하지 못한다면, 그것은 그리스도의 사역을 잘못 평가하는 것입니다. 하나님의 말씀과 그리스도의 사역을 잘못 평가한 결과는 반드시 믿는 자의 삶 속에서 드러나기 마련입니다. 얼마 가지 않아 그리스도인의 삶은 무언가 힘이 없고 삶의 활력을 잃어버리고 말 것입니다.

만약 그리스도인이 하나님의 말씀을 실제로 믿는다면, 하나님의 말씀이 우리들의 삶과 언어 속에 분명히 나타나게 될 것입니다. 그리고 사람들은 우리들의 삶과 대화 속에서 그것을 분명히 느낄 수 있을 것입니다.

사람들이 하나님의 치유를 받을 수 없는 이유가 무엇입니까?

하나님의 말씀을 과소평가하기 때문입니다. 하나님께서 우리를 위하여 이루어 놓으신 사역을 과소평가하기 때문입니다.

> 친히 나무에 달려 그 몸으로 우리 죄를 담당하셨으니 이는 우리로 죄에 대하여 죽고 의에 대하여 살게 하려 하심이라 그가 채찍에 맞음으로 너희는 나음을 얻었나니(벧전 2:24)

만약 그리스도인이 예수님이 완성하신 구속의 사역을 이해하고 전적으로 이것을 받아들인다면, 하나님의 치유가 일어날 것입니다. 치료받았음을 알게 될 것이며, 치유를 감사할 것입니다. 그리스도인이 하나님이 받으실 만한 사람이 되기 위해서 애쓰고, 의롭게 되기 위하여 힘쓰고, 주님께 울부짖으며 고통스러워 하는 것은, 어쩌면 하나님 말씀의 완전성을 과소평가하는 데서 오는 결과일 수도 있습니다.

그리스도인이 하나님의 말씀이 진실하다는 것을 깨달을 때, 하나님이 말씀하시는 내가 '나'일 것이고, 말씀이 할 수 있다고 하는 것을 할 수 있게 될 것입니다. 우리는 신속히 그리스도인의 위치를 찾아가게 될 것입니다. 그리스도인의 권세를 주장하며 그리스도 안에 있는 그리스도인의 특권과 그리스도인의 부요함을 누리게 될 것입니다.

> 그런즉 누구든지 그리스도 안에 있으면 새로운 피조물이라 이전 것은 지나갔으니 보라 새 것이 되었도다(고후 5:17)

> 내게 능력 주시는 자 안에서 내가 모든 것을 할 수 있느니라(빌 4:13)

그리스도인은 하나님의 은혜 안에서 성장합니다. 은혜는 지금까지 감추었던 하나님의 사랑이 나타나는 것이며 행동하는 사랑입니다. 하나님의 사랑이 우리를 지배할 때 우리는 우리들의 삶 속에서 예수 그리스도를 나타낼 것입니다.

그리스도인은 자신의 삶 전체가 하나님의 사랑에 잠기게 되고, 모든 동기가 사랑에 의해서 나오며, 모든 말에 사랑의 향기가 묻어날 때까지 하나님의 사랑 안에서 성장할 수 있습니다.

그리스도인은 거듭나는 순간부터 하나님의 의입니다. 믿음은 하나님의 말씀 안에서 걸어갈 때 자랍니다. 그리스도인은 하나님의 의가 그리스도인에게 무엇을 의미하며, 의의 놀라운 특권과 의무가 무엇인지를 아는 지식 안에서 성장 가능합니다.

그리스도인은 하나님의 아들 됨 안에서, 하나님의 의 안에서 자라가는 것이 아니라 하나님의 아들됨과 하나님의 의가 우리들에게 무엇을 의미하는지를 아는 것을 통해서 비로소 성장하게 됩니다. 왜냐하면 믿는 자는 이미 하나님의 아들이요, 하나님의 의가 되었기 때문입니다.

> 나의 의인은 믿음으로 말미암아 살리라 또한 뒤로 물러가면 내 마음이 그를 기뻐하지 아니하리라 하셨느니라(히 10:38)

하나님은 그리스도인을 "하나님의 의" 라고 부르십니다. 만약 그리스도인이 죽은 행실인 감각의 영역으로 돌아간다면 우리는 하나님으로부터 하나님의 기쁨을 빼앗는 자가 될 것입니다.

> 영생은 곧 유일하신 참 하나님과 그가 보내신 자 예수 그리스도를 아는 것이니이다(요 17:3)

여기서 '참' 이라는 말은 실재라는 의미입니다. 우리가 어떻게 하나님을 알 수 있겠습니까? 우리는 하나님에 관한 많은 이론과 사실들을 알 수 있지만 하나님의 생명이 나에게 부어지기 전까지는 하나님을 결코 아버지로 알 수 없습니다.

하나님에 관한 책을 많이 읽고 하나님에 대하여 많이 알지라도 영생을 받기까지는 하나님의 실재를 결코 알 수 없습니다.

예수님은 세상의 빛이요, 생명입니다. 하나님의 생명은 사랑에 의해서 불타오를 때 빛을 주는 기름과도 같습니다.

사랑의 하나님과 사랑의 예수님은 모두 살아있는 실재입니다. 우리가 영생을 선물로 받을 때 우리는 사랑의 성품을 받습니다. 그 때부터 사랑의 성품이 우리를 다스리기 시작하고 우리의 삶 속에서 우위를 차지하게 됩니다.

요한일서 4장 16절은 그리스도인들이 사랑 안에 거하고 사랑 안에서 우리들의 가정을 만들어 나가는 일에 대하여 말씀하고 있습니다.

하나님이 우리를 사랑하시는 사랑을 우리가 알고 믿었노니 하나님은 사랑이시라 사랑 안에 거하는 자는 하나님 안에 거하고 하나님도 그의 안에 거하시느니라(요일 4:16)

이것은 사랑의 삶을 말합니다. 우리는 하나님 안에서 그분과 동행하게 됩니다.

> 예수께서 대답하여 이르시되 사람이 나를 사랑하면 내 말을 지키리니 내 아버지께서 그를 사랑하실 것이요 우리가 그에게 가서 거처를 그와 함께 하리라(요 14:23)

그리스도인이 하나님께 구할 수 있는 것 중에 이보다 더 아름답고 소중한 것을 어디에서 구할 수 있겠습니까? 비록 우리가 비천하다 할지라도, 성부 하나님과 성자 예수님은 성령님을 통해 찾아 오셔서 우리를 거처로 삼고 함께 사신다고 약속하고 계십니다. 하나님은 우리의 가정을 아름답게 만드십니다. 자녀들이 안전하게 살 수 있도록 만드십니다. 주님이 사시는 가정은 싸움이나 큰 소리나 비통함이 들어올 수가 없습니다. 가족 간에 아름다운 관계를 만들어 나아갑니다. 우리는 비록 상대방이 정직하지 못하고 불성실할지라도 그들에게 불친절하지 않습니다. 상대방이 불친절했을 경우에도 그것을 끝까지 기억하지 않습니다. 그리스도인은 용서를 받고 용서하는 삶을 삽니다. 왜냐하면 하나님의 생명이 우리를 사로잡고 있기 때문입니다. 우리는 하나님과 함께 살고, 하나님이 우리를 사랑하신 것처럼 서로 사랑해야 합니다.

하나님의 사랑은 우리의 사랑이요, 하나님의 힘과 능력은 우리의 힘과 능력입니다. 바울이 자기 자신을 〈두로스〉라고 말한 것처럼 우리는 하나님의 사랑의 노예입니다. 주님께서 우리를 사랑하신 것처럼 우리도 그 사랑을 받았기 때문에 주님을 사랑하는 것입니다.

그리스도인은 하나님의 아들 됨과 하나님의 의 안에서 성장하는 것이 아니라, 하나님의 아들 됨과 하나님의 의가 나에게 무엇을 의미하는지를 아는 것을 통하여 성장합니다. 영생은 의의 실재이고, 의의 실재는 믿음과 사랑을 통하여 나타납니다. 그러므로 하나님의 말씀을 전적으로 신뢰하십시오. 하나님의 영원한 사랑 가운데 거하십시오. 그리하면 하나님이 오셔서 우리 안에 거처를 삼으시고 우리와 함께 살 것입니다. 우리는 그리스도처럼 살게 될 것이며 아름다운 의의 열매를 풍성하게 맺게 될 것입니다.

12 | 에베소서 2장 10절
의의 선한 일

우리는 그의 만드신 바라 그리스도 예수 안에서 선한 일을 위하여 지으심을 받은 자니 이 일은 하나님이 전에 예비하사 우리로 그 가운데서 행하게 하려 하심이니라(엡 2:10)

"그리스도 예수 안에서 선한 일"은 하나님이 만세 전부터 계획하신 일이고, 여기에 인간이 할 수 있는 일은 아무 것도 없습니다. 선한 일이란 자연인을 새로운 피조물로 만들어서 의의 열매를 맺는 것입니다.

자기 앞에 영광스러운 교회로 세우사 티나 주름잡힌 것이나 이런 것들이 없이 거룩하고 흠이 없게 하려 하심이니라(엡 5:27)

만약 하나님이 우리를 티나 주름 잡힌 것 없이 거룩하고 흠이 없게 하고자 하신다면, 하나님은 능히 우리를 그렇게 하실 수 있는 능력을 가지신 분이십니다.

새로운 피조물은 우리가 그리스도 밖에 있었을 때 가지고 있었던 이전 것을 결코 가지고 있지 않습니다.

> 그런즉 누구든지 그리스도 안에 있으면 새로운 피조물이라 이전 것은 지나갔으니 보라 새것이 되었도다(고후 5:17)

어떻게 해서 새로운 피조물이 되었습니까?

하나님 자신의 생명을 주심으로입니다.

하나님의 생명을 통하여 새 사람이 되었고 하나님의 생명을 통하여 살 수 있게 되었습니다.

> 진실로 진실로 너희에게 이르노니 믿는 자는 영생을 가졌나니 (요 6:47)

내가 하나님의 아들의 이름을 믿는 너희에게 이것을 쓴 것은 너
희로 하여금 너희에게 영생이 있음을 알게 하려 함이라(요일
5:13)

영생이 무엇입니까? 영생은 성품, 속성, 하나님의 생명입니다. 믿는
자는 하나님의 성품인 영생을 소유한 사람입니다. 만약 우리가 하나님
의 성품을 가지고 있다면 하나님의 생명이 하실 수 있는 일을 할 수 있
을 것입니다.

이 사실이 그리스도인들로 하여금 놀라운 사람들로 자라게 합니다.
사람들은 이것을 이해할 수 없습니다. 왜냐하면 이 사실은 인간의 이
성을 초월한 일이기 때문입니다.

자녀들아 너희는 하나님께 속하였고 또 저희를 이기었나니 이
는 너희 안에 계신 이가 세상에 있는 이보다 크심이라(요일 4:4)

전에는 우리가 마귀의 자식이었지만, 지금은 하나님의 자녀입니다.
전에는 우리가 마귀에게 종노릇을 하였지만, 지금은 마귀를 이기는 자
요, 승리자요, 정복자입니다.

왜냐하면 세상보다 크신 하나님이 우리 안에 거하시기 때문입니다.

그렇기 때문에 하나님은 그리스도인이 이전에 살았던 삶과는 전혀 다른 삶을 살기를 원하십니다. 지금까지 살아왔던 삶이 아닌 더 높은 차원의 삶의 수준을 요구하십니다.

또한 그렇게 살 수 있는 능력을 주십니다. 언제나 하나님의 임재 가운데 나아갈 수 있고, 죄책감이나 열등감 없이 하나님 앞에 담대히 설 수 있는 사람들은, 마치 거대한 자금을 은행에 예치해 둔 사람과 같습니다. 그리스도인은 필요할 때 마음대로 쓸 수 있는 하나님의 무한한 자원을 가지고 있습니다. 그리스도인에게는 정죄함이 없습니다. 그리스도인은 예수의 이름을 사용할 수 있는 자유를 가지고 있습니다. 그리스도인은 병든 사람들을 위하여 기도할 수 있습니다. 그리스도인은 능력으로 하나님의 말씀을 증거할 수 있습니다. 그리스도인은 사람들이 믿음을 얻을 수 있도록 그들을 도와줄 수 있습니다. 그리스도인은 하나님의 무한한 능력과 사랑에 연결되어 있습니다.

독수리가 하늘을 향하여 물었습니다.

'나는 얼마나 높이 날 수 있습니까?'

독수리의 물음에 하늘은 '하늘은 제한이 없다. 네가 높이 날 수 있을 만큼 날 수 있다.' 고 대답하였습니다.

이처럼, 그리스도인이 하는 일에는 제한이 없습니다.

내가 진실로 진실로 너희에게 이르노니 나를 믿는 자는 나의 하는 일을 저도 할 것이요 또한 이보다 큰 것도 하리니 이는 내가 아버지께로 감이니라(요 14:12)

우리 주위에는 하나님의 사역과 축복을 필요로 하는 많은 사람들이 있습니다. 누가 하나님의 사랑과 축복의 통로가 될 수 있습니까? 하나님의 의를 가진 사람들입니다.

너희가 욕심을 내어도 얻지 못하고 살인하며 시기하여도 능히 취하지 못하나니 너희가 다투고 싸우는도다 너희가 얻지 못함은 구하지 아니함이요 구하여도 받지 못함은 정욕으로 쓰려고 잘못 구함이니라(약 4:2-3)

지금까지는 너희가 내 이름으로 아무 것도 구하지 아니하였으나 구하라 그리하면 받으리니 너희 기쁨이 충만하리라 (요 16:24)

하나님은 그리스도인이 구하지 않고서는 결코 축복하실 수 없습니다. 또 하나님의 의를 확신하지 못한다면, 그리스도인은 믿음을 가지고 하나님께 기도할 수 없습니다.

만약 그리스도인이 죄책감과 열등감 없이 하나님 앞에 나아간다면, 그들의 믿음은 기적을 역사하는 능력으로 성장할 수 있을 것입니다.

이 모든 것은 한 가지 목적이 있습니다. 그것은 의의 열매를 맺는 것입니다.

예수님은 "나를 믿는 자는 나의 하는 일을 저도 할 것이요" 라고 하셨습니다.

예수님은 세상을 축복하셨습니다.

그러므로 그리스도인도 세상을 축복할 수 있습니다.

예수님께서는 무리를 먹이셨습니다.

그러므로 그리스도인도 무리를 먹일 수 있습니다.

예수님께서는 병든 자를 고치셨습니다.

그러므로 그리스도인도 병든 자를 위하여 치유할 수 있습니다.

예수님께서는 심령이 상한 자들을 위로하셨습니다.

그러므로 그리스도인도 심령이 상한 자들을 위로할 수 있습니다.

예수님은 사람들에게 용기를 주셨고 힘을 주셨습니다. 그리고 마침내 자기 자신을 사람들에게 내어주셨습니다. 이처럼 그리스도인도 똑

같은 열매를 맺을 수 있습니다.

구약의 율법은 그림자이지 참 형상이 아닙니다. 구약의 제사는 제사에 참여하는 사람들을 온전케 할 수 없었습니다. 계속해서 죄를 생각나게 만들었습니다. 황소와 염소의 피가 그들의 죄를 없이할 수 없었습니다. 해마다 대제사장은 황소와 염소의 피를 들고 지성소로 들어 갔습니다. 그러나 그곳에 머무를 수 없었습니다. 왜냐하면 다음 해에 다시 황소와 염소의 피를 들고 들어와야 했기 때문입니다.

> 이는 황소와 염소의 피가 능히 죄를 없이 하지 못함이라(히 10:4)

그러나 그리스도는 구약의 희생제물의 마침이 되셨습니다. 믿는 자의 유일한 희생제물이 되시고 하나님의 보좌에 앉으셨습니다.

> 오직 그리스도는 죄를 위하여 한 영원한 제사를 드리시고 하나 님 우편에 앉으사 그 후에 자기 원수들로 자기 발등상이 되게 하실 때까지 기다리시나니 저가 한 제물로 거룩하게 된 자들을 영원히 온전케 하셨느니라(히 10:12-14)

그러므로 그리스도인의 의와 그리스도인의 거듭남과 그리스도인의 아들됨은 완전합니다.

그리스도인은 어떠한 삶을 살아야 합니까? '우리로 그 가운데서 행하게 하려 하심이니라'고 하셨습니다.

> 오직 나의 의인은 믿음으로 말미암아 살리라 또한 뒤로 물러가면 내 마음이 저를 기뻐하지 아니하리라 하셨느니라(히 10:38)

믿음으로 살아야 합니다. 믿음으로 산다는 것은 말씀 안에서 사는 것을 의미합니다.

모세의 후계자 여호수아가 이스라엘 백성들을 가나안 땅으로 인도할 때 제사장들을 요단강으로 인도하였습니다. 여호수아는 천사가 전하여 준 말씀을 실행에 옮겼습니다.

이처럼 그리스도인도 하나님의 말씀을 실행에 옮겨야 합니다. 여호수아는 천사가 전하여 준 말을 순종하였으나, 그리스도인은 하나님의 아들을 통해서 주신 새 언약의 말씀을 믿음으로 살아야 합니다.

> 이와 같이 예수는 더 좋은 언약의 보증이 되셨느니라(히 7:22)

그리스도인은 사랑 안에서 자신의 삶의 길을 살아가고 있습니다. 하나님과 끊임없이 교제하면서 삶의 길을 걸어가고 있습니다. 하나님의 능력 안에서 자신의 삶을 살며 그리스도를 대신하는 자리에 있습니다.

> 나는 포도나무요 너희는 가지니 저가 내 안에, 내가 저 안에 있으면 이 사람은 과실을 많이 맺나니 나를 떠나서는 너희가 아무 것도 할 수 없음이라(요 15:5)

그리스도인은 하나님의 의를 행합니다. 주님께서 원수의 일을 멸하신 것처럼 그리스도인도 사탄의 일을 멸합니다.

> 내가 너희에게 뱀과 전갈을 밟으며 원수의 모든 능력을 제어할 권세를 주었으니 너희를 해할 자가 결단코 없으리라(눅 10:19)

그리스도인은 사람들에게 하나님 은혜의 풍성함을 증거하여 그들이 예수님을 모실 수 있도록 도와줄 수 있습니다. 사람들이 예수를 영접하는 순간 무슨 일이 벌어집니까? 그들을 얽매었던 사탄의 권세가 깨어지고, 그들이 자유를 얻습니다. 하나님의 의가 빛처럼 비추어집니다.

그리하여 예수님은 믿는 사람들 속에 오늘도 살아서 역사하십니다. 기적은 매일같이 그리스도인의 삶 속에서 상식처럼 일어나야만 합니다. 자신의 삶이 초자연적인 삶이라는 것을 세상 속에 드러내야만 합니다.

선한 일은 자연인을 거듭나게 함으로 의의 열매를 맺는 것입니다. 하나님은 새로운 피조물들에게 더 높은 차원의 삶의 수준을 요구하고 계십니다. 하나님은 모든 믿는 자들에게 무한한 삶의 자원이십니다. 하나님은 그리스도인이 하나님의 사랑과 능력과 축복의 통로가 되기를 원하십니다. 하나님의 의를 가진 자만이 이것을 가능케 합니다. 그러므로 하나님의 의인 그리스도인이 믿음으로 살 때, "선한 일을 위하여 지으심을 받은 자"라는 하나님의 말씀이 생활 속에서 이루어지게 됩니다.

13 | 고린도후서 6장 7절
의의 쓰임

예수님은 믿는 자의 의이시고 믿는 자는 하나님의 의가 되었습니다. 의는 어떻게 쓰입니까?

> 곧 이 때에 자기의 의로우심을 나타내사 자기도 의로우시며 또한 예수 믿는 자를 의롭다 하려 하심이니라(롬 3:26)

하나님은 예수 그리스도를 자신의 주와 구세주로 믿는 사람들의 의가 되셨습니다.

우주를 창조하신 분이 믿는 자의 의가 되셨습니다. 하나님은 그리스도인에게 전혀 죄를 짓지 않은 사람처럼 하나님 앞에 담대하게 나아갈 수 있는 능력을 주셨습니다.

예수 그리스도는 인류를 대신하여 죄가 되시고 죄의 삯을 지불하심으로 인류를 구속하시고 믿는 자의 의가 되셨습니다. 사람들이 예수 그리스도를 믿으면 죄를 용서받고 죄 없이 함을 받습니다. 하나님의 생명인 신의 성품을 선물로 받아 다시 태어나게 됩니다.

영접하는 자 곧 그 이름을 믿는 자들에게는 하나님의 자녀가 되는 권세를 주셨으니(요 1:12)

약속대로 하나님의 자녀가 되어 하나님의 의가 됩니다. 그리고 하나님의 의를 행하는 사람이 됩니다.

우리는 그의 만드신 바라 그리스도 예수 안에서 선한 일을 위하여 지으심을 받은 자니 이 일은 하나님이 전에 예비하사 우리로 그 가운데서 행하게 하려 하심이니라(엡 2:10)

하나님이 창조하시고 손수 만드신 것이 보시기에 얼마나 아름답겠습니까?

하나님이 그 지으신 모든 것을 보시니 보시기에 심히 좋았더라
(창 1:31)

새로운 피조물이야말로 하나님이 만드신 것 중 최고의 걸작품이요,
최고의 노래입니다.

우리는 하나님의 새로운 피조물이 되었습니다.

우리는 하나님이 주신 의로 인하여 기쁨과 긍지를 가지고 은혜의
보좌 앞에 담대히 나아갈 수 있게 되었습니다. 우리는 하나님의 보좌
앞에 담대히 설 수 있을 뿐만 아니라 아무런 두려움 없이 사탄을 대할
수 있게 되었습니다.

그리스도인은 사탄을 이긴 자요, 정복자요, 지배자가 되었습니다.

그리스도인은 피 흘리신 갈보리의 사랑과 죽음을 이기신 예수 그리
스도를 통해서, 예수님이 그러하셨던 것처럼, 우리도 세상을 향하여
나갈 수 있게 되었습니다.

진리의 말씀과 하나님의 능력 안에 있어 의의 병기로 좌우하고
(고후 6:7)

표준새번역 성경에는 위의 말씀을 "진리의 말씀과 하나님의 능력으로 이 일을 해왔습니다. 우리는 오른손과 왼손에 의의 무기를 들고"라고 번역하고 있습니다.

하나님의 의는 가장 맹렬한 전쟁터에서 병사들이 입고 있는 갑주와 같습니다. 그리스도인은 하나님의 의를 옷 입은 사람입니다. 사탄의 어떠한 화살도 그리스도인이 입고 있는 의의 갑주를 뚫을 수 없습니다.

> 그런즉 서서 진리로 너희 허리 띠를 띠고 의의 흉배를 붙이고 (엡 6:14)

그리스도인이 어떻게 의의 옷을 입을 수 있습니까?

고백을 통해서입니다.

> 사람이 마음으로 믿어 의에 이르고 입으로 시인하여 구원에 이르느니라 (롬 10:10)

우리는 "나는 하나님의 의"라고 고백합니다. 우리는 사탄의 화살이 의의 흉배를 뚫을 수 없다는 믿음을 가지고 어두움의 권세를 향하여 담대히 나아갑니다.

> 이제 후로는 나를 위하여 의의 면류관이 예비되었으므로 주 곧
> 의로우신 재판장이 그 날에 내게 주실 것이니 내게만 아니라 주
> 의 나타나심을 사모하는 모든 자에게니라(딤후 4:8)

의의 면류관은 주님을 위하여 의를 행하는 사람들에게 주어집니다.

> 너희가 그의 의로우신 줄을 알면 의를 행하는 자마다 그에게서
> 난 줄을 알리라(요일 2:29)

그리스도인은 의를 행하는 사람입니다. 의를 행한다는 것은 무엇을 말합니까?

담대한 기도생활이며, 아낌없이 드리는 것입니다. 담대하게 증거하는 것이며, 담대하게 하나님의 말씀을 따라 움직이는 것입니다. 병든 자들을 위하여 기도하며 귀신을 내어 쫓는 것입니다.

예수님이 세상에 계실 때 사역하셨던 것처럼 그리스도인도 세상에서 일을 합니다. 그리스도인은 담대하게 자신의 위치를 지킵니다. 그

리스도인은 자신의 위치에서 마땅히 해야 할 일을 수행하는 사람입니다.

> 이는 죄가 사망 안에서 왕노릇 한 것 같이 은혜도 또한 의로 말미암아 왕노릇 하여 우리 주 예수 그리스도로 말미암아 영생에 이르게 하려 함이니라(롬 5:21)

그리스도인은 생명 안에서 왕노릇 하는 사람입니다. 인류는 타락한 이래로 지금까지 마귀에게 속박되어 살아왔습니다. 그러나 지금 우리는 마치 광부가 금광을 발견하듯이 의의 금광을 발견하였습니다. 하나님의 의는 우리에게 사탄의 역사를 정복할 수 있는 권세를 주셨고 하나님의 풍성함을 드러내게 하셨습니다.

> 그 때에 의인들은 자기 아버지나라에서 해와 같이 빛나리라 귀 있는 자는 들으라(마 13:43)

하나님은 의를 행하는 자들이 하나님의 나라에서 태양처럼 빛날 것이라고 말씀 하셨습니다. 그들은 하나님의 의로써 의로워진 사람들입니다. 그들은 이 땅에서 의의 위엄과 의의 실재 안에서 충만한 가운데 행하는 사람들입니다.

하나님의 의는 그리스도인으로 하여금 하나님 앞에 담대히 나아갈 수 있게 합니다. 죄를 한 번도 짓지 않은 사람처럼 죄책감이나 열등감이 없이 하나님 앞에 서게 합니다. 어떤 두려움도 없이 사탄을 대면하게 합니다. 그리스도인은 의를 옷 입은 사람입니다. 사탄의 어떠한 화살도 그리스도인이 입고 있는 의의 갑주를 뚫을 수 없습니다. 그리스도인은 의를 행하는 사람입니다. 하나님의 의는 그리스도인으로 하여금 생명 안에서 왕 노릇하게 만듭니다. 나는 하나님의 의라고 고백하십시오. 담대하게 하나님의 의를 행하십시오. 그리하면 의의 면류관을 받아 쓸 것입니다. 하나님의 나라에서 태양처럼 빛나게 될 것입니다. 이 글을 읽으시는 모든 분들께 의의 열매가 풍성하기를 기원합니다.

14 | 갈라디아서 5장 1절
새 자유

사람들은 오랫동안 감옥살이를 하다가 출옥하였을 때, 남의 나라의
속국이 되었다가 독립하였을 때, 감당할 수 없는 부채에 시달리다가
벗어났을 때, 중병에 시달리다가 치료 받아 건강하게 되었을 때, 여러
가지 모양으로 시달리다가 해방되었을 때 '자유를 얻었다', 또는 '해
방되었다' 고 말합니다. 그렇다면 하나님이 그리스도인들에게 주신 자
유는 무엇입니까?

죄와 율법의 저주와 마귀로부터의 자유입니다.

죄는 사탄의 속성과 본질이요, 성품입니다. 죄는 하나님에 대한 무
지와 불신앙과 불순종과 불의와 불법을 낳습니다. 죄는 율법의 저주를

가져오고 율법의 저주는 형벌하는 자인 마귀에 붙여져서 마귀의 종노릇하다가 사망과 심판과 영원한 멸망을 가져옵니다.

너희는 너희 아비 마귀에게서 났으니(요 8:44上)

도적이 오는 것은 도적질하고 죽이고 멸망시키려는 것뿐이요 (요 10:10上)

또 왼편에 있는 자들에게 이르시되 저주를 받은 자들아 나를 떠나 마귀와 그 사자들을 위하여 예비된 영영한 불에 들어가라(마 25:41)

우리는 예수 그리스도를 믿기 전에는 죄의 종이요, 마귀의 자식이었습니다. 율법의 저주 가운데 살다가 죽어 심판받아 영원한 멸망에 이르는 자였습니다.

그런데 하나님의 아들 예수님은 인류의 모든 죄를 구속하셨습니다. 예수님은 우리를 대신하여 죄가 되셨습니다.

예수님은 우리를 대신하여 율법의 저주를 담당하셨습니다.

그리스도께서 우리를 위하여 저주를 받은바 되사 율법의 저주에서 우리를 속량하셨으니 기록된바 나무에 달린 자마다 저주 아래 있는 자라 하였음이라(갈 3:13)

예수님은 우리를 대신하여 죽으시고 사망의 고통을 받으셨습니다. 우리를 대신하여 의롭다 하심을 입으시고 우리를 대신하여 살리심을 받으셨습니다. 우리를 대신하여 사탄을 물리치시고 우리를 대신하여 죽은 자 가운데서 다시 살아나셨습니다. 하늘에 오르셔서 우리의 죄를 구속하시고 하나님의 보좌에 앉으셨습니다.

정사와 권세를 벗어버려 밝히 드러내시고 십자가로 승리하셨느니라(골 2:15)

그러므로 그리스도인은 죄의 빚에서 자유합니다. 그리스도인은 죄로 말미암은 율법의 저주에서 자유 합니다. 그리스도인은 죄로 말미암아 마귀의 종노릇하던 자리에서 자유를 얻었습니다.

그러므로 이제 그리스도 예수 안에 있는 자에게는 결코 정죄함이 없나니(롬 8:1)

사망의 쏘는 것은 죄요 죄의 권능은 율법이라 우리 주 예수 그
리스도로 말미암아 우리에게 이김을 주시는 하나님께 감사하노
니(고전 15:56-57)

그리스도인은 죄의 빚에서 해방되었을 뿐만 아니라 죄와 마귀를 이
길 수 있는 하나님의 사람이 되었습니다. 참 자유를 얻게 된 것입니다.

그리스도께서 우리로 자유케 하려고 자유를 주셨으니 그러므로
굳세게 서서 다시는 종의 멍에를 메지 말라(갈 5:1)

종이 아닌 아들됨의 자유입니다.

예수님은 죄와 율법의 저주에서 인류를 구속하셨습니다. 예수님은
우리를 마귀에게서 건지시고 마귀를 이기시고 무력화시키셨습니다.
예수님은 그를 믿는 모든 자를 하나님의 자녀로 거듭나게 하셨습니다.

자녀들아 너희는 하나님께 속하였고 또 저희를 이기었나니 이
는 너희 안에 계신 이가 세상에 있는 이보다 크심이라(요일 4:4)

가난과 질병보다 크신 하나님이 우리 안에 계신 것을 믿으십시오. 모든 역경보다 크신 하나님이 우리 안에 계심을 믿으십시오. 그리스도 인이 가지고 있는 하나님의 내주 의식은 종 의식을 버리고 우리를 하나님의 아들 됨의 자유의식을 갖게 합니다. 우리를 속박하는 환경과 가난과 질병을 극복할 수 있는 주인 됨의 자유를 갖게 합니다. 그리스도인은 이런 것들을 더 이상 두려워할 필요가 없습니다. 왜냐하면 하나님이 모든 것들을 정복하셨기 때문입니다.

> 대저 하나님께로서 난 자마다 세상을 이기느니라 세상을 이긴
> 이김은 이것이니 우리의 믿음이니라(요일 5:4)

예수의 이름이 이 모든 것들보다 더 크기 때문입니다. 그리스도인과 하나님과의 관계가 이 모든 것들보다 더 크기 때문입니다. 그리스도인은 전능하신 하나님의 아들과 딸이 되었기 때문입니다. 그리스도인은 하나님의 성품, 신의 성품을 가지고 있기 때문입니다. 그리스도인은 그리스도의 몸의 지체가 되었기 때문입니다.

예수님이 세상에 계실 때 하나님 아버지와 함께 하셨던 것처럼 그리스도인도 하나님과 함께 하기 때문입니다. 예수님이 아버지와 하나이듯이, 나무와 가지가 하나이듯이, 그리스도인도 그리스도와 하나가

되었기 때문입니다.

가지는 열매를 맺을지 맺지 못할지 걱정할 필요가 없습니다. 싹이
꽃을 피울지 꽃이 열매를 낼지 걱정할 이유가 없습니다. 왜냐하면 나
무가 모든 것을 보호하고 있기 때문입니다. 가지는 나무의 품에서 마
음 놓고 쉴 수 있습니다. 그리스도인은 남이 알지 못하는 하나님과의
교제가 있습니다. 어쩌다가 얻은 기쁨이 아니라 하나님과 영원히 함께
하는 기쁨이 있습니다. 특별히 전에는 알지 못했던 하나님 말씀의 진
실성과 새로움이 있습니다. 우리가 하나님의 말씀을 읽거나 혹은 들을
때 마치 하나님이 그 자리에 계신 것처럼 느끼는 것입니다. 하나님은
실재감으로 그리스도인에게 말씀하십니다. 하나님의 말씀은 현실성
있고 지극히 개인적인 것입니다. 예수님은 우리를 대신하여 죄가 되심
으로 우리로 하나님의 의가 되게 하셨습니다. 예수님은 우리를 실패의
진흙탕에서 건져내서서 하나님의 보좌에 함께 앉게 하셨습니다. 얼마
나 놀라운 일입니까?

> 허물로 죽은 우리를 그리스도와 함께 살리셨고 (너희가 은혜로
> 구원을 얻은 것이라) 또 함께 일으키사 그리스도 예수 안에서
> 함께 하늘에 앉히시니 이는 그리스도 예수 안에서 우리에게 자
> 비하심으로써 그 은혜의 지극히 풍성함을 오는 여러 세대에 나

타내려 하심이니라(엡 2:5-7)

그리스도인은 예수님과 함께 하늘나라를 상속받을 후사입니다.

> 자녀이면 또한 후사 곧 하나님의 후사요 그리스도와 함께한 후
> 사니 우리가 그와 함께 영광을 받기 위하여 고난도 함께 받아야
> 될 것이니라(롬 8:17)

우리는 예수님과 함께 하는 우리입니다. 우리는 세상사는 동안 사람들 사이에서 그리스도를 대신하는 자리에 있습니다. 하나님의 의는 우리를 두려움의 터널 가운데에서 빠져나와 하나님 앞에 담대히 서게 하였습니다. 우리는 하나님의 생명 아래 있고 예수님은 우리의 주님이 되셨습니다. 우리는 '여호와는 나의 목자시니 내게 부족함이 없으리라'고 담대히 고백할 수 있습니다. 하나님은 우리의 아버지시고 우리는 그분의 자녀입니다. 하나님은 우리와 함께 하시고 우리 안에 거하시고 우리를 위하여 역사하십니다. 하나님은 우리와 함께 하신다는 것은 안전에 대한 보장이고, 하나님이 우리 속에 계신다는 것은 능력에 대한 보장이며, 하나님은 우리를 위하신다고 하는 것은 승리에 대한 보장입니다.

우리는 그리스도와 함께 완전히 연합된 사람들입니다. 지금까지 우리를 지배해 왔던 사탄의 권세는 완전히 깨어졌습니다. 우리는 하나님의 충만한 생명 가운데서 자유한 사람들입니다.

하나님이 우리에게 주신 자유는 어떠한 자유입니까? 죄와 율법의 저주와 마귀로부터의 자유입니다. 종이 아닌 아들됨의 자유입니다. 그러므로 불리한 환경과 혹은 가난과 질병 앞에서도 담대하십시오. 믿음에 굳게 서십시오. 하나님이 우리에게 주신 자유를 마음껏 누리십시오.

그리스도께서 우리로 자유케 하려고 자유를 주셨으니 그러므로 굳세게 서서 다시는 종의 멍에를 메지 말라(갈 5:1)

주 안에 있는 자유를 누리시기 바랍니다.

15 | 히브리서 4장 16절
하나님의 의와 회복

'하나님의 의' 라는 단어만큼 성경과 신학에서 잘 이해되지 못한 단어는 없습니다. 하나님의 의는 에덴동산에서 하나님을 잃어버린 아담 이후에 인류가 갈구해 온 모든 것을 내포하고 있습니다. 하나님의 의는 인간의 타락으로 말미암아 잃어버린 모든 것들을 아들의 특권과 함께 회복시켜 줍니다. 하나님의 의는 그리스도인들에게 무엇을 의미합니까?

위치의 회복입니다.

그런즉 누구든지 그리스도 안에 있으면 새로운 피조물이라 이전 것은 지나갔으니 보라 새 것이 되었도다(고후 5:17)

그리스도인은 새로운 피조물입니다. 새로운 피조물은 하나님의 의가 자신의 의가 된 사람들입니다. 하나님의 의는 그리스도인들을 죄의식에서 해방시켜 줍니다. 죄는 인간에게 주어진 위치를 잃어버리게 하였지만 하나님의 의는 본래의 위치를 회복시켜 줍니다.

창세기 1장 28절에서, 하나님은 아담과 하와에게 복을 주셨습니다.

> 하나님이 그들에게 복을 주시며 그들에게 이르시되 생육하고 번성하여 땅에 충만하라, 땅을 정복하라, 바다의 고기와 공중의 새와 땅에 움직이는 모든 생물을 다스리라 하시니라(창 1:28)

하나님은 사람을 생육하고 번성하고 충만하게 하셨습니다. 정복하고 다스리도록 하셨습니다.

> 여호와 하나님이 그 사람을 이끌어 에덴동산에 두사 그것을 다스리며 지키게 하시고(창 2:15)

하나님은 사람으로 하여금 하나님이 주신 복을 사탄으로부터 지킬 수 있도록 하셨습니다. 그런데 죄가 들어오자 사람은 그 위치를 잃어버리고 말았습니다. 하나님 앞에 나아갈 수 없게 되었습니다. 무화과 나무 잎사귀로 치마를 만들어 부끄러움을 가렸습니다. 동산 나무 숲속에 숨었습니다. 사탄의 종이 되었습니다. 정복하고 다스리는 자가 아니라 환경에 지배받는 자가 되었습니다. 율법의 저주 속에 살게 되었습니다. 그러나 하나님의 의는 사람의 잃어버린 위치를 회복시켜 주셨습니다. 예수님의 지상 생애를 통해서 보여주셨던 것처럼 그리스도인의 위치를 회복시켜 주셨습니다.

예수님은 하나님 아버지 앞에서 두려움이 없었습니다. 사탄 앞에서도 두려움이 없었습니다. 예수님은 사탄과 그 힘의 정복자였습니다. 예수님은 폭풍 앞에서도 동요되지 않으셨고, 자연을 다스리셨습니다.

예수님은 죽은 지 나흘이 지난 나사로를 향하여 "나사로야, 나오라" 하셨고, 귀신을 내어 쫓고 병든 자를 고치셨습니다.

그리스도인은 하나님 앞에 담대히 나아갈 수 있게 되었습니다. 사탄을 이긴 자요, 다스리는 자가 되었습니다. 환경의 노예가 아니라 환경을 창조하며 다스리는 자가 되었습니다.

자녀들아 너희는 하나님께 속하였고 또 저희를 이기었나니 이는 너희 안에 계신 이가 세상에 있는 이보다 크심이라(요일 4:4)

또 만물을 그 발 아래 복종하게 하시고 그를 만물 위에 교회의 머리로 주셨느니라 교회는 그의 몸이니 만물 안에서 만물을 충만케 하시는 자의 충만이니라(엡 1:22-23)

교제의 회복입니다.

죄는 하나님과의 관계와 교제를 단절시켰으나 하나님의 의는 교제를 회복시켜 줍니다. 우리는 이것을 예수님의 삶을 통해서 찾아볼 수 있습니다. 예수님은 하나님 아버지께 나아갈 때 마치 어린아이가 아버지에게 나아가듯이 가까이 하셨습니다. 전혀 죄의식이나 정죄감이 없었습니다. 하나님은 사람들에게 이러한 하나님의 의를 회복시켜 주십니다. 그리스도의 구속이야말로 이러한 사실을 보증하고 있습니다.

예수님은 물질이나 돈에 대한 부족감이 전혀 없으셨습니다. 세금을 내기 위해서 돈이 필요할 때 베드로에게 고기를 잡으라 하시고 물고기의 입을 열면 원하는 돈을 얻을 것이라 하셨습니다.

예수님은 사랑과 능력과 지식에 있어서 전혀 부족감이 없으셨습니다. 왜냐하면 하나님과의 깊은 교제가 있었기 때문입니다. 예수님은 그리스도인들의 의입니다. 하나님의 의는 하나님과의 교제를 회복시켜 줍니다.

> 우리가 보고 들은 바를 너희에게도 전함은 너희로 우리와 사귐
> 이 있게 하려 함이니 우리의 사귐은 아버지와 그 아들 예수 그
> 리스도와 함께 함이라(요일 1:3)

하나님의 의는 잃어버린 하나님과의 교제를 회복시켜 줍니다.

믿음의 회복입니다.

죄는 믿음을 잃어버리게 하였으나 하나님의 의는 믿음을 회복시켜
줍니다. 하나님은 사람을 만드실 때, 영적인 존재로 만드셨습니다. 영
이 혼을 통제하고 영혼이 육체를 지배하고 환경을 다스리는 존재가 되
었습니다. 그런데 죄가 들어오자 이러한 질서가 무너졌습니다. 영이
죽었습니다. 혼은 세상과 육체와 전통과 문화의 합작품이 되었습니다.
그 결과 혼의 사람 또는 육체의 사람이 되었습니다. 보고 듣고 만지고
냄새 맡고 맛봐야 믿는 사람이 되었습니다. 이성적으로 납득되어야만
믿는 자가 되었습니다. 영이 죽었기 때문에 영이신 하나님을 모르게
되었습니다.

그런데 예수 그리스도를 믿음으로 죽은 영이 살아났습니다. 영을 영으로 믿을 수 있는 사람이 되었습니다. 영이신 하나님을 믿을 수 있게 되었습니다. 육신의 감각을 초월하여 영이신 하나님의 말씀을 믿을 수 있게 되었습니다. 우리는 이것을 '계시적 믿음'이라고 합니다.

요한복음 20장에서 예수님은 '그 손의 못자국을 보며 내 손가락을 그 못자국에 넣으며 내 손을 그 옆구리에 넣어보지 않고는 믿지 않겠노라' 하던 도마에게, "너는 나를 본 고로 믿느냐 보지 못하고 믿는 자들은 복되도다 하시니라(요 20:29)"고 하셨습니다.

이처럼 하나님의 의는 계시적인 믿음을 회복시켜 주십니다.

평안의 회복입니다.

죄는 하나님과 나 자신과 이웃과 환경과의 부조화를 가져왔습니다. 하나님의 의가 회복될 때에만이 평화가 회복될 수 있습니다. 오늘날은 개인이건 국가건 모두가 소용돌이 속에 살고 있습니다. 쉼이 없습니다. 평안이 없습니다. 안정감이 없습니다.

오직 악인은 능히 안정치 못하고 그 물이 진흙과 더러운 것을 늘 솟쳐내는 요동하는 바다와 같으니라 내 하나님의 말씀에 악인에게는 평강이 없다 하셨느니라(사 57:20-21)

질병과 궁핍과 삶의 무거운 짐들이 걱정, 근심과 함께 사람들의 마음을 가득 채우고 있습니다.

그러나 하나님의 의는 그리스도인들의 영혼에 고요함과 안식을 회복시켜 주십니다. 하나님의 의가 회복된 사람들은 더 이상 환경과 삶의 짐들을 두려워하지 않게 됩니다. 무의식적으로 믿음이 역사합니다. 불리한 조건 앞에서도 담대히 설 수 있게 됩니다. 왜냐하면 하나님의 의는 그리스도인들에게 하나님의 평안을 회복시켜 주기 때문입니다.

자유의 회복입니다.

하나님의 의는 평강을 회복시켜 줄 뿐만 아니라 모든 세대를 거쳐서 노력해 왔던 자유를 회복시켜 주십니다.

가장 위대한 자유는 정치적 자유가 아닙니다. 재정적인 걱정과 육체적인 고통으로부터의 자유가 아닙니다. 바로 죄의식으로부터의 자유입니다. 그것은 그리스도 안에서의 자유요, 사탄의 두려움으로부터의 자유요, 인간의 두려움으로부터의 자유입니다.

왜냐하면 우리는 자신의 명철을 의지하지 않고 온 마음을 다하여 하나님을 신뢰하기 때문입니다. 그리스도인은 더 이상 감각적 지식이나 환경에 의하여 낙심하지 않습니다. 바로 우리 안에 계신 이가 세상에 있는 이보다 크시기 때문입니다.

> 자녀들아 너희는 하나님께 속하였고 또 저희를 이기었나니 이는 너희 안에 계신 이가 세상에 있는 이보다 크심이라(요일 4:4)

성서가 무엇을 말합니까?

> 진리를 알지니 진리가 너희를 자유케 하리라(요 8:32)

> 주는 영이시니 주의 영이 계신 곳에는 자유함이 있느니라(고후 3:17)

하나님의 의는 그리스도인의 자유를 회복시켜 주십니다.

아들됨의 회복입니다.

그리스도인은 하나님의 자녀입니다. 하나님은 그리스도인의 아버지이십니다. 그리스도인은 하나님의 가족입니다. 하나님은 우리를 사랑하시고 우리 또한 하나님을 사랑합니다. 하나님의 의는 하나님과의 교제에서 오는 말할 수 없는 기쁨을 회복시켜 주십니다. 우리는 종이 아니며 죄인이 아닙니다. 우리는 하나님의 자녀입니다.

우리는 그리스도와 더불어 하나님의 상속자가 되었습니다. 하나님의 의는 그리스도인들로 하여금 아들됨의 의식을 회복시켜 주십니다.

하나님의 의가 그리스도인들에게 무엇을 의미합니까? 죄는 모든 것을 잃게 하였으나 하나님의 의는 모든 것을 회복시켜 주셨습니다. 죄는 하나님과 단절된 영적 상태이나 하나님의 의는 하나님의 생명을 받은 영적 상태입니다. 그러므로 하나님의 의는 경험이 아니라 상태입니다. 이 영적 상태가 많은 것을 경험하게 하고 많은 변화를 가져오고 놀라운 회복을 가져다줍니다.

모든 사람이 죄를 범하였으매 하나님의 영광에 이르지 못하더니 그리스도 예수 안에 있는 구속으로 말미암아 하나님의 은혜

로 값없이 의롭다 하심을 얻은 자 되었느니라(롬 3:23-24)

하나님의 의가 무엇인지 깨달으십시오. 예수의 피가 마음에 흐르도
록 하십시오. 영원한 속죄를 받아 들이십시오. 하나님의 의를 누리십
시오. 그리하면 삶의 위대한 변화와 회복의 역사가 일어나게 될 것입
니다.